COLECCIÓN DE POESÍAS

DE UN

CANCIONERO INÉDITO

DEL SIGLO XV

EXISTENTE EN LA BIBLIOTECA

DE

S. M. EL REY D. ALFONSO XII

CON UNA CARTA

DEL

EXCMO. SR. D. MANUEL CAÑETE

de la Academia Española

Y UN PRÓLOGO, NOTAS Y APÉNDICE

por

A. PÉREZ GÓMEZ NIEVA

MADRID

TIPOGRAFÍA DE ALFREDO ALONSO

Calle del Soldado, núm. 8

1884

A S. M. EL REY

D. ALFONSO XII DE BORBÓN

SEÑOR:

Si alguna utilidad puede reportar á las letras patrias la publicación, en parte, de uno de los Cancioneros inéditos que en la Biblioteca de V. M. se conservan, Cancionero que es preciada fuente para conocer mejor la literatura castellana del siglo xv, á nadie como á V M. será debido tal resultado. Al pedir permiso un dia á V. M. para dar á la estampa esta obra, V. M., con su claro talento, comprendió la transcendencia de ella y se dignó concedérmelo. A tantas mercedes dígnese hoy añadir otra, admitiendo la dedicatoria de un libro, nacido á la sombra protectora que V. M. le ha otorgado.

SEÑOR:

Á L. R. P. DE V. M.

ALFONSO PÉREZ GÓMEZ NIEVA.

Sr. D. Alfonso Pérez G. Nieva.

Mi estimado amigo: desde que allá por junio del año pasado tuve el gusto de exponer á los lectores del *Diario de la Marina*, periódico de la Habana, mi opinion relativa al precioso *idilio* en verso que acababa V. de publicar con el título de *El valle de lágrimas*, formé propósito de examinar detenidamente en sazón oportuna la *Coleccion de Poesias de un Cancionero inédito existente en la Biblioteca de S. M. el Rey*, que entonces pensaba V. sacar á luz. Así lo dí á entender en aquella fecha, manifestando que V., á pesar de sus pocos años, no solamente se dedica al cultivo de las musas en las horas que le dejan libres sus graves estudios profesionales, sino consagra viva atención á importantes investigaciones literarias.

Fruto de ellas, y del ardiente amor que profesa V. á los monumentos de nuestra poesía nacional, es la interesante *Colección* á que antes me he referido. La circunstancia de estarse ya imprimiendo para que puedan disfrutarla en breve á su sabor los estudiosos aficionados á antiguallas poéticas y lingüísticas, dice que es llegado el momento de realizar el antedicho propósito, máxime habiendo tenido V. la bondad de darme á conocer por anticipado una obra tan curiosa y recomendable. Pero amigo mío, el hombre propone y Dios dispone. Deberes ineludibles y las múltiples ocupaciones nacidas de las diferentes incumbencias que no me es dado excusar, me ponen en el duro trance de no poder efectuar lo que me había propuesto, aunque sería para mí no menos útil que gustoso.

Obras como la que va V. á someter á la consideración del público son de aquellas que no se pueden valuar con exactitud sin maduro exámen, porque no hay medio de apreciarlas bien, sino cotejándolas minuciosamente con los respectivos originales; labor penosa, difícil y que requiere mucho tiempo. Sin embargo, puedo asegurar á V. lealmente que las personas amantes de la cultura literaria no podrán menos de agradecer el esmero y fidelidad con que se han descifrado y

reproducido las numerosas poesías del *Cancionero*
escojidas por V. para incluirlas en su *Colección,*
si en todas ellas ha procedido con el mismo acier-
to que en las pocas que yo he podido confrontar
con el códice de la copiosa y selecta Biblioteca de
S. M. el Rey.

Con laudable franqueza, con notoria buena fé,
con modestia que le recomienda mucho, no solamente da V. noticias en el *Apéndice* de su libro de
los eruditos notables que han examinado el *Cancionero* de que se trata, haciendo cada cual desde
su punto de vista sumarias indicaciones acerca del
mérito y circunstancias de ese desconocido monumento y copiando varias de las poesías que contiene, si no deja entrever el temor, hijo de su es-
crupulosa conciencia, de que no sean inéditas
realmente las que ha tenido por tales al recogerlas
y reunirlas en el volúmen que está en prensa.

Nada es más fácil que equivocarse en materias
de erudición que atañen á pormenores de esa índole, porque muchas veces no es posible, ni aun
al hombre de más lectura y de más vastos conoci-
mientos, apurar una materia hasta las semínimas,
de suerte que pueda estar seguro de conocer ó haber visto absolutamente todo cuanto tenga rela-
ción con ella. La experiencia me lo ha demostra-
do así en mí propio, á pesar del pirronismo con

que habitualmente suelo proceder en estas cosas.
Ocupado hace largos años en hacer investigaciones y en reunir materiales para escribir la *Historia
del Teatro español desde sus orígenes hasta Lope
de Vega,* he logrado ver obras y acopiar noticias
de que no tuvo la menor idea ninguno de los literatos españoles ó extranjeros que de dos siglos á
esta parte se han consagrado especialmente á esos
estudios. Pues bien, cuando creía poseer completo el rarísimo caudal dramático de ciertos ingenios del siglo xv ó principios del xvi, por haber
logrado reunir cuantas obras suyas citaban eruditos é historiadores, he tropezado con alguna que
nadie había mencionado, ó con noticia exacta de
su existencia. Digo esto para acallar los honrados
escrúpulos de V. y corroborar mi anterior obser-
vación.

Por lo demás, no se ruborice V. si le declaro
que me han causado admiración su propósito de
acometer empresa tan árdua y dificultosa como la
de reproducir en gran parte un *Cancionero* inédito del siglo xv, y la perseverante paciencia con
que ha logrado realizarla. Trabajos de semejante
índole, más propios de la edad madura que de los
floridos años que V. tiene la dicha de disfrutar,
arguyen mucho en pró de su laboriosidad y buen
talento. A mi juicio, lo que ha hecho V. en esta

ocasión es tanto más estimable, cuanto menores suelen ser en nuestro país la afición á graves estudios y la recompensa que el público les otorga.

Cansados estamos de ver aquí hombres que viven sólo de su pluma, que se ocupan exclusiva y diariamente en tratar, ya de literatura, ya de política, gloriándose con el dictado de escritores públicos, y hasta muy preciados de merecer el de literatos y el de críticos, para quienes la erudición (que en mayor ó menor grado se hace indispensable en toda labor intelectual de algún fundamento y sustancia) es cosa de poca monta ú oficio propio de entendimientos vulgares. Donde esto sucede, ¿qué estímulo puede haber para que los jovenes se consagren á desenterrar y evidenciar monumentos literarios é históricos, sepultados por el transcurso del tiempo en el fondo de archivos ó bibliotecas? ¿Cómo no aplaudir al que desoye juicio tan indiscreto y errôneo, y emplea su calor natural en esas prolijas investigaciones que desdeñan con indisculpable altivez los secuaces del charlatanismo vocinglero?

Persevere V., amigo mío, persevere en el camino emprendido, siempre que otras atenciones más apremiantes se lo consientan. Los que saben bien que las furtivas composiciones coleccionadas en nuestros antiguos *cancioneros* son como re-

flejo vivo de las creencias, de los sentimientos,
de las costumbres, del habla, de la civilización y
cultura de nuestra España en los siglos que pre-
cedieron inmediatamente á la Edad Moderna;
cuantos no ignoran que esas preciosas coleccio-
nes, tan ásperas y desabridas al paladar de los
ignorantes, tienen grandísimo valor, no solo
como documento histórico fehaciente, sino también porque encierran el mayor caudal de nuestra poesía en los albores del Renacimiento, agra-
decerán á V. sin duda su buen deseo y el bien
que hace á la literatura patria facilitando el conocimiento de las composiciones inéditas reunidas
en la interesante *Colección* que ha formado.

Esas composiciones, que á muchos parecen insignificantes ó baladíes, sirven más de lo que se
figuran tales gentes para poner á su verdadera
luz el espíritu, genio y carácter del pueblo y de
la época que las producen; son á veces eficacísi-
mas para descifrar arcanos históricos de la mayor
transcendencia. Porque las estimaban en tal sentido, pusieron tanto conato en reproducir é ilus-
trar el *Cancionero de Baena* (enriqueciéndolo
con extenso y profundo estudio preliminar y con
notas curiosas é interesantes) hombres tan doctos,
de tan elevado entendimiento, de tan gran amor
al saber como el primer Marqués de Pidal, D. Pas-

á partir de Alfonso el Sabio, adquieren en
los tiempos de D. Juan II verdadero carácter de escuelas, constituyéndose tres genuinamente tales que se disputan con encarniza-
miento la supremacía. La provenzal cortesana, á nuestro juicio íntimamente ligada con
la institución caballeresca; la alegórica, que
copia el arte florentino del Dante, y la didáctica, pretenciosa de interpretar el sentimiento patrio opuesto á innovaciones extranjeras
cualquiera que fuesen. La escuela provenzal
cortesana tiene, pues, que luchar con dos ad-
versarios poderosos, á los cuales, si no los obs-
curece por completo, los deja muy atrás en
influencia. Desde luego es digno de notarse,
que los mismos que enfrente de la escuela
cortesana pelean, ríndenla culto hasta el punto de que Fernán Pérez de Guzmán, repre-
sentante de la didáctica, y Juan de Mena,
personificador de la alegórica, componen *dezires* y *esparzas* que no á otra escuela pertenecen que á la que es objeto de este estudio.
Bien es cierto que, según los historiadores,
fué en su juventud y antes de decidirse por

sus respectivas escuelas, cuando dichos magnates empuñaron la lira de los trovadores,
pero aun así, el hecho basta para demostrar
el influjo de la poesía cortesana, del que no
pudieron librarse vates como los mencionados. Por si no fuera bastante, el Marqués de
Santillana, que asume la representación del
movimiento literario de su tiempo en la corte de Castilla, vacila entre las tres dichas escuelas, y por más que se le concede su mayor mérito como vate didáctico, también
cultiva y con verdadera discreción las letras
cortesanas, de las que son hermosa muestra,
testimonios del ingenio de D. Iñigo Lopez de
Mendoza, las sus tan celebradas *serranillas*.
Por lo demás, al narrar los cronistas el reinado de D. Juan II nos presentan la corte
trocada en consistorio, próceres y vasallos
versados en los preceptos de la gaya sciencia,
los magnates convertidos en Mecenas, el monarca en verdadero maestro en el arte de trovar, multiplicándose las justas poéticas, y ob-
teniéndose todo en obsequio á las musas,
merced á los primores de requestas y dezires,

pues era el numen poético la cualidad más apreciada entonces entre aquellas gentes. Esta influencia en las costumbres públicas, no alcanzada por la escuela alegórica ni la didáctica, revela á las claras la importancia de la cortesana, de la cual no es aventurado decir que acaso sea la que más caracteriza la literatura española del siglo xv, muy especialmente en sus promedios.

Estudiando con detención nuestra historia literaria, obsérvanse en ella dos corrientes perfectamente marcadas, en divorcio constante hasta las postrimerías del siglo xv. Tales son la erudita y la popular; la erudita, propia de los doctos, muy poseída de sí misma y desdeñosa de la segunda, á la que considera sin valor ninguno, y la popular, que aparece precisamente como depositaria de la tradición nacional, sostenida por el pueblo á través de los siglos. En casi todo el xv, coincidiendo con el extraordinario desarrollo de la poesía cortesana, apenas si la popular da señales de vida, si bien en el reinado de don Juan II aparecen algunos romances incoloros

que no obtienen la aprobación del pueblo.
Puédese por tanto decir, y ello viene á evidenciar más todavía la transcendencia de la
escuela cortesana, que consigue obscurecer á
la poesía popular, robándole muchos de sus
más vitales y vigorosos elementos. La existencia de los poetas erudito-populares, es señal fehaciente del decaimiento de la literatura popular y de la preponderancia de la cortesana. Por el influjo de ésta, la musa del
pueblo carece de representantes, y aquellos
hombres del estado llano, depositarios de las
tradiciones de sus mayores, abandonan los
romances inspirados en las hazañas de los
héroes de la Reconquista. Todos los plebeyos
que en la época de D. Juan II siéntense ena:-
decidos por el fuego de la inspiración, alís-
tanse en la escuela cortesana, por medro per-
sonal muchos de ellos, es cierto; por ocultar
sus orígenes judáicos no pocos; pero también
porque la poesía erudita cortesana, como
afirma con razón sobrada un insigne publi-
cista de nuestros dias, sirve á la civilización
y al progreso, y constante aspiradora á un

ideal más noble, tiende á borrar las diferencias de clase, elevando poco á poco al estado
llano que, sobresaliendo por su inteligencia,
es protegido y encumbrado sin atender á lo
humilde de su condición social, lo cual, ya
que no añada ni un quilate á la importancia
l'teraria de la poesía cortesana, la hace ad-
quirir socialmente un valor bastante subido.

Este contraste entre la musa cortesana y
la popular se ofrece más de relieve en el
reinado de los Reyes Católicos, en el que,
bien por la preponderancia de los estudios
latinos tan protegidos por los reyes, bien
porque caminando la caballería á su ocaso
la poesía cortesana va declinando sensible-
mente, sufre una transformación radical y
completa que presagia su muerte, pero que
patentiza la importancia de que gozaba. Los
próceres, siempre desdeñosos de las formas
métricas de los ingenios populares, cambian
de opinión ahora, y con entusiasmo tan extraño como tardío, se afanan por resucitar
el romance antiguo y por cantar á la manera
de aquellos poetas ínfimos, objeto de indife-

rencia desdeñosa por parte de los que presumen de cultos. La poesía popular vuelve á aparecer fresca como nunca, inspirada en la tradición histórica y con rasgos verdaderamente nacionales. ¿No significa esta coincidencia entre la caida de la una y el auje de la otra que, debido á su incontrovertible influjo, la poesía cortesana en su preponderancia ahogaba á la popular?

A nuestro modo de ver, la escuela cortesana se nutre muy mucho del elemento caballeresco, con el cual guarda no pocas semejanzas. Norma de conducta y égida para los afiliados en la institución de la caballería, es el nombre y el amor de una dama, y la misma cualidad, si así puede llamarse, caracteriza á los poetas cortesanos que, esencialmente eróticos, cantan á la señora de sus pensamientos. Muéveles á los caballeros su fe acrisolada y su fervor religioso, sentimientos que también palpitan en los dezires y esparzas de la escuela cortesana. Bien es cierto que muchos de ellos aparecen un tanto impíos; pero esta impiedad radica más en la

forma que en el fondo, á las veces rayano
en lo supersticioso. Tanto es así, que las
ideas asentadas en las obras poéticas, son, con
frecuencia, contradictorias con la conducta
privada de sus autores. Distínguense los unos
por su patriotismo, sin que confundamos
éste con la lealtad muy dudosa entonces de
los nobles hacia el monarca, y el fuego del
amor patrio enciende también la inspiración
de los vates cortesanos, por más que les haya
sido negada tal circunstancia, sólo porque
no rinden culto á la poesía histórica. Pero
patrióticos son los consejos de Alfonso de
Baena á D. Juan II, rogándole que apaci-
guara la anarquía de su reino, y patriótica
la intención de Caltraviesa, poniendo de relieve los vicios de la clerecía y de la nobleza.
Basados en tales precedentes, no asentamos
desde luego, porque más detenido estudio
merece, pero sí apuntamos, la idea de que
acaso pudiera considerarse la poesía cortesana como la manifestación lírica de la literatura caballeresca.

Tal es la marcha de la escuela cortesana

en Castilla. Réstanos decir dos palabras de
su desarrollo en Aragón, en cuyo reino no
reviste menor importancia, ya porque él fué
la cuna de la poesía provenzal en España, ya
por el predominio del idioma castellano en
la región aragonesa, predominio que, de pa-
sada sea dicho, demuestra el íntimo consor-
cio que entre la política y las letras mediaba,
pues que á medida que la primera caminaba
á la unidad nacional, las segundas iban rea-
lizando á la vez la unidad literaria, gracias á
la supremacía del idioma de Alfonso X, lengua, en el siglo que nos ocupa, cultivada, no
ya por los catalanes, tan amantes de su dialecto nativo, sí que por los mismos portugueses,
á pesar de sus ódios á los castellanos. No eran
las circunstancias por las que atravesaba Aragón muy á propósito para el florecimiento de
la poesía cortesana, pues que, asentado en el
trono de Nápoles el Rey Alfonso, habíase ro-
deado de los ingenios más notables de Italia,
que por fuerza habían de propagar la afición
á la escuela alegórica y robustecer la obra
del Renacimiento italiano. Por si esto no fue-

ra bastante, distinguíase el Monarca Magnánimo por su predilección por las letras lati-
nas, como lo atestiguaba componiendo casti-
zas oraciones en dicha lengua. Con estos
precedentes parecía difícil que la poesía cortesana medrase, y sin embargo, rindiéronla
parias los vates castellanos, á excepción de
alguno, partidario del arte dantesco, y entre
los aragoneses y catalanes dominaron por
completo las aficiones á la manera de decir
de los provenzales, aficiones que trascienden
pujantes hasta los tiempos de Fernando el
Católico, en los que la poesía erudita empieza
á fundirse y á compenetrarse con la popular.

Considerada históricamente la escuela cortesana, resta sólo apreciarla segun su modo
de ser característico. Cúmplenos decir, ante
todo, que no llegamos á conformarnos por
completo con el apelativo de la susodicha escuela, llamada generalmente provenzal cortesana. Y no que el tal nombre sea impropio
ó mal puesto; pero nosotros encontramos en
la poesía así nombrada en Castilla condiciones bastantes para denominarse cortesana á

secas, sin que esto equivalga á desconocerla como sucesora de la provenzal, pero no es ella misma; y cuenta que no nuestra débil autoridad, sino la de Ticknor, lo asegura. Sabido es que la literatura de los trovadores se introdujo en España á principios del siglo XII, en 1113, con motivo de ceñir la corona de Provenza D. Ramon Berenguer, tercer conde de Barcelona, coincidiendo esta aparición de tal literatura en la Península, con la época en que se comenzaban á echar los fundamentos de la castellana. Más tarde, obtienen los condes el reino de Aragón, y á él pasan las letras provenzales, que en el tránsito de Aix á Barcelona y de Barcelona á Zaragoza, van perdiendo su originalidad hasta chocar con la literatura del Norte que, alimentada por elementos más vigorosos, había de triunfar, como triunfó, de la provenzal, pero tomando su esencia y conservando sus formas, aunque dándoles un carácter nacional muy marcado. La escuela cortesana canta lo que la provenzal, pero la animan además otra clase de sentimientos propios de la

época y del país en que vive. Así la vemos
aduladora y palaciega, frívola en extremo si
galante, sutil y por demás laberíntica, refle-
jando á las claras los tan turbulentos reina-
dos de Juan II y Enrique IV, sin que por eso
falten en ella la gracia delicada, la pasión
amorosa, la abnegación por el cariño no co-
rrespondido, y cuantos rasgos dan fisonomía
propia á los versos de los trovadores provenzales. Para nosotros, pues, la literatura provenzal cortesana bien podría llamarse de este
último modo, pues que tiene elementos suficientes para diferenciarse de la provenzal, siquiera de ella proceda, como el hijo se dis-
tingue siempre del padre por mucho que se
le parezca.

De muy diversa manera ha juzgado la crítica á la escuela cortesana en su modo de ser,
y son tan opuestas las opiniones sustentadas,
que no ya es difícil, sino imposible, coordi-
narlas. Cuatro son las más importantes de las
que vamos á hacernos cargo. La de Boutterwek, las de Ticknor y Pidal, y la de Amador
de los Rios.

Dice el primero, y en parte conformamos con su juicio, que el grande arte de los poetas eróticos de aquel tiempo se reducía á presentar una idea bajo todos los aspectos de que era susceptible, estudiarla, alambicarla y no abandonarla hasta despues de haber agotado todos los medios de repetirla. Esta locuacidad, que es una falta hereditaria en las canciones de los italianos, se halla igualmente en las redondillas amorosas de los españo·les, aunque empleada con menos elegancia. Los poetas españoles, si usan en sus composiciones amorosas más agudeza y juguetes que los italianos, son más serios y enfáticos que éstos, y sus poesías amorosas presentan, por lo común, al mismo tiempo, escasez de ideas y el candor del estilo de las canciones de los trovadores, semejanza producida, no por la imitación, sino por el gusto caballeresco que entonces dominaba en el Mediodía de Europa. En estas ó parecidas palabras aprecia Boutterwek la poesía cortesana castellana, aportando tal juicio nuevas pruebas á favor de nuestra tésis, pues demostrada

la originalidad de la escuela cortesana respecto á la provenzal, podría restar la duda
de si sería acaso una imagen de la poesía
erótica italiana, dada la influencia del Renacimiento de este país. El autor mencionado
asienta claramente que, si las canciones ita-
lianas ofrecen los mismos caracteres que las
castellanas, toman éstas, sin embargo, otro
giro peculiar que las hace ser genuinamente
españolas. El suspiro del apasionado italiano
es un grito en los labios del español; en esta
elegante frase resume Boutterwek su juicio
acerca las poesías cortesanas, objeto del presente estudio. Pero antes advertimos que
sólo en parte conveníamos con la opinion de
Boutterwek, la cual es, en nuestro humilde
juicio, deficiente, pues considera las canciones castellanas no más que por su aspecto
erótico, siendo así que integra en ellas de
una manera revelante el carácter satírico.
Acaso en los poetas de elevada gerarquía es
poco frecuente esta cualidad; pero descuella
en los versos de los vates erudito-populares,
cultivadores casi todos de la escuela cortesa-

na y suficientes en número y en importancia
para que no pase desatendida la tendencia
satírica que á las canciones imprimieron. Ora
contra la nobleza y el clero, ora entre sí,
unas veces inspirados por nobles sentimientos, otras por aspiraciones personales, los ingenios de la clase mencionada manejan con
predilección el arma de la sátira, por lo regular no muy decorosa, sí por el contrario
algo más que desvergonzada y desnuda. Pero
la desmoralización de las clases elevadas de
entonces hacía necesaria una sátira contun-
dente y enérgica que las corrigiera, y misión
de tanta trascendencia empréndenla los poetas
erudito-populares que, colocados entre la
nobleza y el pueblo, iluminan la inteligencia de éste poniendo de relieve la conducta
de aquélla. No hay, por tanto, que echar en
olvido el elemento satírico al apreciar la
poesía cortesana castellana. Da como cierto
más adelante el autor mencionado, que las
canciones eran entre los españoles del siglo xv lo que el epigrama entre los griegos y
el madrigal entre los italianos y franceses.

Tal aserción la rebaten los Sres. Cortina y
Ugalde, traductores de Boutterwek, diciendo
que las poesías amorosas pueden ser epigra-
máticas ó sentenciosas, ó ambas, pero se han
de clasificar por el estilo. Y aún puede añadir-
se: ¿cómo se compagina la ampulosidad de las
canciones, caracterizadas por expresar una
idea de todos los modos posibles hasta ago-
tarlos y agotarla, según el autor dicho, con
la sobriedad del epigrama y del madrigal,
cuyo mérito consiste en decir mucho en pocas palabras? Suponiendo admisible la com-
paración entre las canciones y el madrigal, á
pesar de sus diferencias esenciales, como el
caracter satírico de las primeras, su equiva-
lencia al epigrama de los griegos es absurda,
porque el modo de ser difuso de la canción
española no es igual al conciso del epigrama
helénico que, como destinado á inscripciones
de estátuas, sepulcros y monumentos, había
de ser breve y compendioso. Menos fundamento tiene la especie sostenida por Boutterwek, de que los romanceros son continuación
de los cancioneros, por la semejanza entre

unos y otros, sobre todo en las poesías históricas que pertenecen probablemente á fines
del siglo xv. Tal vez sea cuestión de frases,
pero se nos figura que, así como la poesía popular sucedió á la erudita (y en los tiempos
que venimos historiando ya se inicia tal co-
rriente), los romanceros sucedieron á los
cancioneros perfectamente clasificados como
distintos por Pidal, que denomina y considera á los primeros como depósito de la poesía popular, y á los segundos de la culta.

Concuerdan Pidal y Tiknor en sus apre-
ciaciones respecto á la poesía cortesana, á la
que tildan de discutible y deplorable en su
gusto, de cansada é indigesta en su erudición, y de falsa al expresar en conceptos alam-
bicados pasiones por lo regular ficticias. Tal
opinión es combatida valientemente por los
prologuistas del cancionero de Stúñiga, don
José Sancho Rayón y el Marqués de la Fuensanta del Valle, que estudian las canciones
cortesanas consideradas en su esencia y re-
chazan la crítica superficial de Pidal y Tiknor, que no penetran en las interioridades de

la tal poesía. Siendo así, dicen dichos señores,
que como en moral la intención mata ó salva, en arte es la significación íntima, conteni-
da en las formas, la que decide al fin de la
valía de una producción dada.

Sin estar del todo conformes con esta apre-
ciación, que peca por lo docente, no dejamos
de coincidir con ella en muchos de sus puntos. Robusteciéndola sostienen los indicados
publicistas que la poesía erudita es la poesía
eterna y libre, sin las trabas del momento
histórico, sin convencionalismos, sirviendo á
la causa de la civilización al dulcificar las
costumbres. Influencia de tal género no se
consigue en modo alguno por el primor de
la forma externa, sino por el fondo que la
poesía encierre, fondo en el cual, y refirién-
donos á la escuela cortesana, aparecen ya los
gérmenes peculiares que han de caracterizar
despues la literatura de la edad de oro. No
repetiremos, pero bueno es recordar lo que
expusimos al precisar las semejanzas entre la
institución caballeresca y las letras cortesanas. El erótico y fervoroso culto por la mu-

3

jer que campea en la lírica del siglo XVI, palpita en la poesía cortesana del XV, en que los vates que no aman verdaderamente fíngense una dama ideal de sus pensamientos; el acendrado amor á la patria, tan vivo en la poesía de la centuria XVI, también resplandece en los versos de la que estudiamos; aun el entusiasmo tradicional por la monarquía, tan característico en la literatura de principios de la edad moderna, se descubre en la de fines de la media, sobre todo en los vates aragoneses que cultivan la lengua castellana. En la misma Castilla la autoridad real es sostenida por no pocos poetas, y en el terreno de la realidad, si bien los nobles se alzan en rebelión contra un monarca determinado, no tratan de derrocar la institución, sino de proclamar otro soberano que creen más digno, sin que al enunciar este pensamiento se juzgue que consagramos un elogio á la por todos conceptos condenable conducta de los orgullosos magnates de entonces.

La misma obscuridad metafísica, igual afectación y á las veces falsedad marcada, idéntica erudición, en ocasiones fastidiosa y extemporánea, que segun Pidal y Tiknor se observa en el fondo de la poesía cortesana, se descubre en la de los siglos de oro. Tanto es así, que reducidos los defectos dichos á lunares insignificantes, merced al talento de los fundadores de las escuelas poéticas de la centuria xvi, muertos ellos, á pesar del esfuerzo de dignos imitadores, cayó la poesía en los extravíos más deplorables y presa del gusto estético más extragado y extraño que puede darse. Por otra parte, no negamos que la poesía cortesana es obscura y confusa, alambicada y sutil, sobrado metafísica y en ocasiones algo impía, siempre afectada por la pasión amorosa cierta ó no cierta; pero ¿estos caracteres no eran los del pueblo de entonces? ¿Qué hacía la literatura sino reflejar el estado social que le daba vida? Solo el genio, arrostrando las circunstancias, se impone á ellas y las domina; y á la verdad que para haber producido una literatura perfecta en situación tan anárquica, necesitarían haber nacido genios todos los vates de aquel tiem-

po. Cúlpese de la desmoralización de las letras á la sociedad corrompida de la época,
que no á los poetas que en ella bebían sus
inspiraciones.

Réstanos sólo exponer la opinión de uno
de nuestros más eruditos historiadores literarios, la cual queda suficientemente apreciada con las consideraciones que ha poco expusimos acerca la poesía cortesana. Forza-
dos—dice el autor aludido—á emplear los
ingenios un lenguaje simulado para alejar de
sus versos el odio, adormecido el sentimiento
patriótico, vivían en una esfera estrecha y
artificial, donde no gozaban de inspiración
verdadera ni podían manifestar sus pensamientos. No se compaginan en una época re-
ligiosa los alardes de impiedad ni los fueros
de la caballería con las fingidas pasiones
amorosas sin respeto á las leyes morales. Así
se explica la contradicción entre el lenguaje
de los poetas y de los mismos como moralis-
tas. Más, por otra parte, y esto les salva, pro-
curan depurar la poesía, inventan nuevos
versos y formas, son ingeniosos y agudos, y

aunque no llegan á lo sublime, no por eso
hemos de despreciarlos. De esta manera juzga el período literario, que á grandes rasgos
hemos procurado esbozar, el insigne Amador de los Rios. Nada queda que añadir á lo
ya dicho respecto al fondo de la poesía cortesana. El mismo Amador declara que los
vates erudito-populares son los únicos que á
veces descubren sentimientos patrióticos con-
denando los actos de la nobleza. En cuanto á
la forma, ya asentamos la favorable opinión
que al citado autor merece, quien recuerda
oportunamente, cómo Lope de Vega lamen-
taba y echaba de menos en su tiempo la gracia y agudeza de los poetas del siglo xv.

Tal es, por su historia y segun su esencia,
la escuela cortesana á que pertenecen casi todas las ignoradas poesías del *Cancionero
inédito* que en gran parte damos á la estampa. Juzgadas en general, al apreciar la escuela á que pertenecen, no aquilataremos concretamente su mérito, trabajo que dejamos
íntegro á la crítica, por no alargar más, y ya
lo es mucho, este nuestro Prólogo. Entre

tanto, las poesías que exponemos al público
servirán para iluminar mejor aún los hori-
zontes literarios de la centuria décimaquinta;
centuria, por lo que á nuestra historia respecta, que si no contara en sus anales con
figuras de la talla de Colón ó de los Reyes
Católicos, con sucesos como la conquista de
Granada, el descubrimiento de América y la
unidad nacional, aún tendria sobrado derecho á perpetuar su recuerdo, siquiera no
fuera más que por el extraordinario desarrollo que en ella alcanzan las letras patrias,
hasta el punto de que en el siglo xv los más
insignes ingenios que en la Península rinden
culto á la poesía cultivan con predilección
el habla castellana. Tan viril florecimiento
de la literatura era, á la verdad, resultado
lógico de la buena semilla que, plantada en
el campo del arte, en los siglos xiii y xiv, sa-
zonaba en el xv y habia de dar lozaños fru-
tos en el xvi y xvii, en aquella época que ha
merecido de las generaciones posteriores el
glorioso sobrenombre de edad de oro.

Damos, pues, por terminado este largo

prefacio. Acaso, tan atrevidos como ignorantes, fué mucha nuestra osadía al ofrecer al
público el presente libro; pero sírvanos de
disculpa el deseo de comunicar á los demás
lo poco que aprendimos, teniendo por norma saludable la sentencia de Isócrates: sólo
la sabiduría es inmortal entre todas las ad-
quisiciones.

ALFONSO PÉREZ GÓMEZ NIEVA.

COLECCIÓN DE POESÍAS

DE UN

CANCIONERO INÉDITO

EXISTENTE EN LA BIBLIOTECA

DE

S. M. EL REY

AGRAZ [Johán]. [1] *(Folio 58.)*

En casa del Rey d' Espanya
Do victoria Dios otorga,
A su muy noble companya
Por el conde de Mayorga.

Yo el conde sin bentura
Bos saludo en Ihu xp̃o, [2]

---

(1) El nombre de este poeta encabezando la poesía que á continuación sigue, se halla escrito con letra distinta á la del resto del códice. Aunque el nombre de Johán Agraz va al frente de la poesía, de ella parece desprenderse que el autor es el conde de Mayorga, á cuya casa perteneciera tal vez Agraz, como poeta que era de la clase erudito-populares.

(2) Ihu xp̃o.—Abreviatura de Jesucristo.

4

Ya sabedes que me bisto
Túnica de tierra pura
Do seré jamás enbuelto,
A esi mundo non buelto
Ninguno puede ser suelto
De que biene á tal clausura.

O mançebos cortesanos
No fiedes en ese mundo
En el centro muy profundo;
Mi cuerpo comen gusanos,
Mocedat, á balentia
No me pudo dar balia,
A la muerte tan inpia
No bale fuerça ni manos.

¿Por deudo ni por criança
Con todo su gran podér
Que me pudo el Rey balér
A mi triste mal andança? (1)

_____

(1) Aunque no hay signo de interrogación en el códice,
la redondilla parece interrogativa y por eso le hemos puesto. De lo contrario, la estrofa no tiene sentido. Desde ahora
advertimos que careciendo el manuscrito de toda ortografía la suplimos para que resulte inteligible.

Si la tierra me crió
La tierra me consumió,
Que todo'mbre (1) que nació
Pasa por tal condenança.

En el libro de mi cuenta
Banidat mucha se halla
E la limosna se calla,
Lo que ove (2) de mi renta
Me demandan relaçion,
No hallan satisfacion
Sino por la contriçion,
Sin fin oviera tormenta
Demasiada confianza (3).

No tengades confiança
En esfuerço ni en saber,
En linajes, en poder,
En ser diestros de la lança.
Ni tengades gran firmeza

_____

(1) Todo'mbre.—Todo hombre.
(2) Ove.—Hube, del verbo haber.
(3) Este verso parece sobrar y en el códice está escrito á la derecha del anterior con una llamada que indica su colocación al final de la estrofa.

Ser salvos por fortaleza;
Si caridat es pobreza
Acá es la remenbranza (1).

Si bestistes los desnudos,
Si hartastes los hambrientos
Si tomays los sacramentos
Así como soys tenudos:
Si de lieves (2) bisitestes,
Si los pobres allegastes,
Los enemigos ligastes
Que del todo quedan mudos.

Demostró el enemigo
De mis escesos cuaderno,
Por librarme del Infierno,
El ángel mi buen amigo
Enseñar que so (3) su plana
De la mi vida cristiana,
Por hablar mi obra bana

_____

(1) Remenbranza de Remembrar.—Ser famoso, digno de
memoria.
(2) Lieves.—Adjetivo. Leve, ligero.
(3) Que so es, á nuestro parecer, quiso, del verbo querer.
También pudiera ser que soy, aunque resulta sin sentido.

Yo quedé muy sin abrigo.

Mas aquella luç que guia
A los desencaminados,
Los sus inojos fincados (1)
O clemes birgo Maria
A sin dubda suplicado
Que yo punge (2) mi pecado
Por lo qual seré librado
Del pavor que me teniya.

Esta es de los cristianos
La sin fin intercedente,
Esta ruega comunmente
Por los justos é mundanos.
Por el su preciado ruego
Son delibres muchos luego,
D' aquel predurable fuego
Devorante á los tiranos.

Enfermos de letargía (3)

_____

(1) Fincados ó fiyncados, lo mismo que fincable.—Adj.
duradero, eterno.
(2) Punge, del verbo pungir.—Punzar, en su sentido de
castigar.
(3) Letargía.—Letargo.

Catár que bos abiseys,
Mirat como feneceys
Sin abér sabiduria;
Cada uno se provea
D' esperança, no se crea
Que la muerte así falsea
Como ladrón en la bia.

Era ayer mi presumir
En las armas, de muy fuerte,
Sin algun temor de muerte
Buscaba do combatir.
No pensando el laçesible (1)
El mortal danyo (2) terrible
Que me hizo aborrescible
Delante de bos partir.

¿Que me balió la riqueza
De tal padre ni ermanos

---

(1) En el códice parece decir *ella sesible*; creemos más claro como lo hemos puesto, que, á nuestro modo de ver, quiere expresar que no pensaba que la muerte le fuera accesible.

(2) Danyo.—No estamos seguros que sea esta la palabra efectiva que en el códice está casi ilegible.

Et parientes tan cercanos
En quien es tanta gra deza?
Todo su gran ardimento
No le puso impedimento
Aquesta que'n un momento
E ssecura (1) su crueza.

El quexoso pensamiento,
Que cruel me requeria,
Era el dolor que sentia
Por mi triste partimiento.
Mi noble muxer condesa
En quexa mas inpresa (2)
La pedí con mucha priesa
Gran perdon con sentimiento.

Con deseo planiran (3)
Mis hermanos en su lloro,
Mas en tal custodia moro
Do jamas non me berán

---

(1) E ssecura está escrito, pero creemos que debe ser es
assecura, segura.
(2) Inpresa.—Abr. impresionada.
(3) Planirán.—Plañirán, verbo plañir, llorar, lamentarse

Hhasta que el gran jusgador (1)
Mande tocar en clamor
Las tronpas que con temor
Los defuntos llamarán.

Presto nos levantaremos
Aquel monísimo dia
Por aquella misma bia
Como quando bibos fuemos.
Et seremos en presencia
De la divinal essencia
Do por su final sentencia
Nos conviene que pasemos.

Unos yran á la gloria
Dond' el (2) justo bendirán,
Aquellos que mal dirán
En quien ovieron bictoria.
El mundo que 's irascible, (3)
Y el dragon tan enbecible,

(1) Jusgador.—Juez.
(2) Dond'el.—Donde el.
(3) Irascible.—Parece decir también accesible. Casi indescifrable por el mal estado del códice.

Et la carne así mobible,
Dexoo la bana gloria.

Mis amigos lastimados
Que me quesistes sin arte,
El cuerpo dejat aparte
Morár con los sepultados.
Por el ánima aflegida
Logares en esa bida
No he cuenta fenecida
De mis culpas é pecados.

Ya por Dios non me lloreys
Ni bos aflija mi muerte,
Que pague la deuda fuerte
La qual todos paguareys.
De mi padre así perpexo (1)
Quien bos diere de mi quexo
Encargo senyor bos dexo
Que gelo (2) remunereys.

Por ser del mundo senyor

_____

(1) Perpexo.—Creemos que fálte una l y sea perplejo.
(2) Gelo.—Se lo.

No querria ser oy bibo
Para el paso tan esquivo
De penas et de pavor.
Que pase por a tal bia,
Mi adverso me congria, (1)
El ángel me defendia
Que tove por guardador.

En las justas et arreos
Era mucho mi pensar
No cuydando me hallar
Tan en breve con los reos.
Dyrés lo que razono,
En suave manso tono
Pido perdon et perdono
Car (2) me parto con deseos.

A todos sea notorio
Que mi fin aquí se cierra,
La carne come la tierra.
El alma ba al Purgatorio.
Adios, adios, mis amados,

(1) Congria.—Combatía.
(2) Car.—Porque.

Encomiendoos mis criados
Que bo (1) purgar mis pecados
A la cárcel consistorio.

Po: lo qual y'os (2) requiero
Que las bidas emendeis.
E que no bos desmaeys
Esto sea lo primero.
Aparta de vos malicia,
Et pone bos (3) en justicia,
Toda la vuestra codicia
Sea el premio dar á deseo.

D'aquel muy santo cordero
Ques peró (4) en el madero
Brevemente del espero
Provision como yo qero (5)

(1) Bo.—Contracto de voy, del verbo ir, pres.
(2) Y'os.—Yo os.
(3) Pone bos.—Poneos.
(4) Ques peró.—En el texto aparece separado, es que es-
piró.
(5) Qero.—Está suprimida la i; quiero.

(1) Mataría que hizo Johán agraz en la
sepultura del conde de Mayorga.

(Folio 60 vuelto.)

Aqui yace sepultado
El birtuoso d'aquel
Conde, don Johan Pimentel
Que murió en tal estado.
Era mozo avisado,
Esforçado, bien trayente (2),
E muy singular amado
Animoso á toda gente.

Item era bien baliente
En el arnés muy asido,
En (3) que fuese fallescido

------

(1) En el códice parece leerse Mataría; acaso es Matacia, muerte, pero no tiene entonces sentido. También por la interpretación difícil del dibujo de la letra inicial puede ser Fataría. El autor la emplea como sinónimo de epitaflo.

(2) Trayente.—Traído, del verbo traer; empleado como de buen porte.

(3) En este intervalo entre ambas palabras hay una en el códice que no hemos podido interpretar. Parece decir ma y usa, las dos sin sentido, tal vez sea más.

Sin dubda tan brevemente.
A su rey muy obediente
E por la onra pugnante,
Mas absente que presente
A los amigos constante.

Mas abia buen semblante,
Amador de la berdat
En guardar el amistat
Era muy perseverante.
Un crucixo (1) delante
El su postrimero dia,
La postrera boz clamante
Ffue: balme Santa Maria.

En la su postremeria
Obo mucha contriccion,
Demandando redencion
Sus lágrimas dependia (2)
Quel temor le confrigia (3)

(1) Crucixo.—Crucifijo.
(2) Dependia.—Debe faltar una s y ser despendia; gas-
taba.
(3) Confrigia.—Afligia, apesadumbraba.

De la temida carrera;
Dexó nuestra conpania
Es adonde nos espera.

Su bida fallescedera
Ffueron beynte siete anyos,
Partir á reynos estranyos
Su deseo todo era.
De lebar (1) empresa fuera
Por él era publicado,
Duro en su buen espera
Hasta dos anyos pasados.

En el anyo que nombrado
Fue de mil é quatrocientos
Et tres dias, bet los cuentos
Sete no (2) acreçentado.
Este número llegado
A catorce de Febrero
Ffue del mundo rebatado
El baliente caballero.

---

(1) Lebar.—Llevar, inf.
(2) Sete no acreçentado.—No entendemos esto. Sete parece un italianismo.

COPLA ESPARÇA. *(Folio 61 vuelto.)*

Muchos beo apales (1)
Que me dizen que nos ame (2)
Mas qui dize (3) no sabe
El amor que cosa es.
De amar bos sin falsia
Et con esta porfia
No guardando interés,
Qui ama é amado es
Ruego á Dios quil destorbe (4)
Ahun lo bea andár pobre
Manzellado sin dinés (5).

OTRA CANCIÓN. *(Folio 62.)*

Cuytado pues que non beo
Quien la mi bida sostiene,

---

(1) Apales.—De aparar, manifestarse y tal vez á pares, dos á dos.
(2) Nos ame.—No os ame.
(3) Quien dice.
(4) Destorbe.—Lo mismo que estorbe. Rima bastarda con pobre.
(5) Dinés.—Dinero.

Gran pesar he que non biene
Muerte brebe que deseo.

Amor non puedo sabér
Yerro que á ti hiziese
Porque ya perder debiese
Tan en breve asi placer.
Bien harás en acorrer (1)
A mí tuyo que padeçco
El gran mal que no mereçco
Pues en ti adoro é creo.

CANCIÓN, JOHÁN DE AGRAZ. *(Folio 37 vuelto)*

Si la fortuna conbate
El triste coraçon mio,
Es pensando como trate
Por sospecha desvario.

Yo amé donde debia
No amár con tanta pena,
Pereçió mi alegria

_____

(1) Acorrer.—Acudir, socorrer, inf.

E perdi mi bida buena.
Tarde quiebra tal cadena
El cativo ser esento (1),
Sospechando só (2) contento
De bebir su senyorio.

CANCIÓN JOHÁN AGRAZ. *(Folio 105.)*

Pensaria billania,
Mi senyora, quien pensase
Que tu coraçon amasse
Quien serbido notabia (3)

E dejar quien te serbia
Senyora, tu soledat
Mas la siento que la mia,
No te bença tal porfia
Porque falses (4) lealtat.
Que segun la crueldat

(1) Esento.—Exento, eximido, libre.
(2) Só.—Tiene la acepción de bajo, debajo de, pero aqui parece ser abreviatura de soy, suprimida la y, verbo ser.
(3) Notabia.—No te había.
(4) Falses.—De falsar, falsear.

Que de mi agora queyas (1)
En tanta duda me deyas (2)
Quesperança (3) dalegría
Esta pena me desbia.

---

(1) **Agora queyas.**—Ahora quejas.

(2) **Deyas.**—Dejas. En el Códice se ve empleada con frecuencia la y por la j, la que para mayor claridad, á no requerirlo el consonante, emplearemos desde luego en vez de aquélla.

(3) **Quesperança.**—Que esperanza. Aunque en realidad son bien comprensibles algunas de estas palabras unidas, las separamos para mayor claridad del texto.

BOCANEGRA (Francisco)

Canción. *(Folio 4.)*

Pues tanto tuyo heziste
A mí que tu bien deseo
No quieras que me conquiste
La fortuna en que me veo.

Desdel dia que te ví
Sin dezir lisongeria
Soy mas tuyo que de mí,
Crea la tu senyoría (1).
Pues cuitas me hazen triste

---

(1) En el texto dice senyora, pero debe ser error del copista, y así parece indicarlo la exigencia del consonante.

Por callar lo que desseo,
No quieras que me conquiste
La fortuna en que me veo.

Senyora, tu discrecion
Puede muy bien conocer
Que tienes un coraçon
Ausadas (1) á tu plazer.
E pues tu mi bien quesiste
Entender el mi desseo
No quieras que me conquiste
La fortuna en que me veo.

SERRANA. *(Folio 13.)*

Llegando á Pineda
De monte canssado,
Serrana muy leda (2)
Bi en un verde prado.

Bila acompanyada

---

(1) Ausadas.—Usadas; usado, usada, gastado por el uso, experimentado.
(2) Leda.—Contenta, placentera, gozosa.

De muchos garçones,
En dança reglada
Dacordados sones.

Qualquier que la viera,
Como yo cuytado,
En gran dicha oviera
De ser della amado.

Sola hermossura
Trae por arreo,
De gran apostura
El muy buen asseo.
Çierto es que l'amara
Car (1) fuí demudado,
Sinó ma cordara
Quera namorado (2).

---

(1) Car.—Porque.
(2) Esta Serrana ha sido publicada por Amador de los
Rios en una nota del tomo VII, página 74 de su Historia
crítica de la Literatura Española. Publicamos, sin embargo,
la poesía, porque lo hacemos con todas las de Becanegra
que trae el Códice.

Canción. *(Folio 3 vuelto.)*

Se que pueden bien deçir
Los que supieron my pena,
Buestro mal es más que suena;
Et otra sirvo enfengido (1).
Por encobrir my turmento;
Mas las penas que yo siento
De bien amar m'an (2) benido.
Ffortuna quiso partirme
De tí mi senyora buena
Por mas mi danyo que suena.

Copla. *(Folio 16 vuelto.)*

Alto rey mejor que todos
Los presentes et passados,
Conplidos de buenos modos
Batayados (3) los loados.
Reçebir esta canción
I bereys como me preçio

---

(1) Enfengido.—Enfingir, presumir, jactarse.
(2) Man.—Me han.
(3) Batayados.—Batallados, de batallar.

De leal, magüera (1) neçio,
Esta es my intençión
Sepa la vuestra merçet,
Por ende (2) senyor abet
Compassion de mí que peno
Por cobrar lo ques ajeno.

¿Amor que quereys de mí
Pues que veedes que non he
Mas de una solla ffe?

Amor, bos quereys que sea
Amador á mi pesar
Porque bista la librea
De los c'usan (3) engañar
E no a (4) de pasar assí
Ny penseis que lo haré
Pues no he más de una ffe.

El oficio del danyado

---

(1) Magüera.—Aunque, á pesar de.
(2) Ende.—Ello, tanto.
(3) C'usan.—Que usan.
(4) A.—Del verbo haber, ha.

Es querer otros danyar,
E con éste tal cuydado
Que ame quereys mandar
Nunca tal consejo oy (1)
It á Dios que no amaré
Pues no he más de una ffe.

(1) Oy.—Oí, del verbo oir.

CALTRAVIESA

Canción (1). *(Folio 102.)*

Como echaron del Parayso,
Senyora,
A Eva por pecadora,
Bos querria ber agora
En mi poder enprobiso.

Abria plazer sin duda
Si fuese oy (2) el dia

---

(1) Acaso parezca algo clara é indecorosa esta poesía, que es precisamente de uno de los poetas erudito populares que en vez de la lisonja empleó la sátira contra la nobleza, por cuya razón es considerado como de los más morales á pesar de su dicción algún tanto libre.

(2) Oy.—Hoy.

Que bos biesse yo desnuda
En el lugar que querria.
Senyora,
Mi coraçon con bos mora,
Buestro es, en bos adora,
Pues amor assi lo quiso

Ffin (1).

Dulce flor de paraiso,
Desque bos non bi nin beo,
Noche et dia con desseo
Pierdo gasajado et riso (2).

CALTRAVIESA (PEDRO DE LA.)

(Folio 142 vuelto.)

Ya non se nada que diga.
Tanto mal oyo (3) dezir,

---

(1) Ffin.—Ffinida estrofa con que se terminaban los dezires. Declase también cabo.
(2) Riso.—Riente.
(3) Oyo.—Oigo, pres. ant.

Nin se carrera que siga
Tantas me hazen seguir.
Et pues son de costrenyr (1)
Los errores que consiento,
Quiero poner escarmiento
En la que me haz (2) morir
Si lo quiere recebir.
Quien se quexa del que quexa
Tiene non se quier quexar,
Dexa
A quien non lo dexa
Nin lo entiende de dexar.

Ya non puedo coraçon
Tener en bos encerrada
La muy grande sin razon
Que consiento malhadada.
Bien parece no seyer (3) nada
El amor de quien yo quise,
El qual en este se avise
Et berá que degradada

---

(1) Costrenyr.—Constreñir, precisar, apremiar, inf. ant.
(2) Haz.—Hace.
(3) Seyer.—Ser, inf. ant.

Ando de sabenturada (1).

Quien su parte
De si parte,
Degrado se,
Quien se apartar
Al de parte
Nada es su departir

Ya beo segunt pareze
Que non es en mi poder
Pues del todo se aborreze
Por tan poco mal hacér.
Con bien me de padezér
Et seguir la condiçion,
Del que tien maginacion
Que non quiero suya seyér.
Al que le plegua (2) saber

A quien ama,
Si bien ama
Nunca puede desamar,

(1) De sabenturada.—Sin ventura ó á la ventura.
(2) Plegua.—Place.

Et quien llama
Al que llama
Es muy simple en su llamar (1).

CÁRDENAS (Pero).

CANCIÓN. *(Folio 93 vuelto.)*

¿Mi coraçon bos quedais
O que hazeys que no benis?
Bos dezit me si partís
Sino home adios seays.

No quiero más esperar
Cassi quedando perdrés (2)
A lo ménos no dirés (3)
Que yo bos hice quedár.
Bos decitme si burlays;
Paréceme que os reís,

---

(1) Esta poesía de Caltravieza, tan intrincada y laberíntica, es hermosa y completa muestra de la escuela cortesana de que ya hablamos.
(2) Perdrés.—Perdéis, fut. ind. contracto.
(3) Dirés.—Diréis, fut. imperf. ind.

Berés si conmigo ys (1)
Sino home adios seays.

RESPUESTA DEL CORAÇÓN.

Partir bos yt en buen hora
Berdat bos quiero dezír,
Que non me deja partir
La que tengo por senyora.
Más assi gozo beays
De la dama que serbís,
Callát el mal que sentís
E dezit que levays (2).

CÁRDENAS (RODRIGO).

CANCIÓN. *(Folio 6 vuelto.)*

¡Que señal es de medrar
Amar é non ser amado
Adolezer de cuydado,

___
(1) Ys.—Váis, ant.
(2) Levays.—Lleváis, ant.

E quien me puede sanár
No mandár me besitar!

Pues las senyales que beo
Tan malas soṇ d'alegria.
Mucho mejor me sería
No bebir con tal desseo.
¿Mas quien podrá dessamár
A quien ya por mi pecado
Me tiene tan subyugado
Que si me quiero apartár
Amor no me dá lugar?

EL MOTE QUE BENDE CONTRERAS (1)

(Folio 133 vuelto.)

A la una, á las dos,
A laylán... ¿ay quien dé mas?...

---

(1) Aunque para exponer las poesías del Cancionero que
nos ocupa seguimos el orden de iniciales de apellidos de los
autores, tenemos que hacer una excepción con ésta y las
que á ella se refieren, pues pertinentes á un mismo asunto
no deben ir separadas.

Mi mote bendo, por Dios,
Rematár lo e (1) ya cras (2),
A laylán ¿ay quien dé mas?

Magüer (3) beyo que pereçco
Es el mote que yo bendo,
Por gran cuyta que padeçco
De la qual mi fin atiendo.
Beis aqui el precio bos
Amigos, ¿ay (4) quien dé mas?
Mi mote bendo, por Dios,
Rematár lo e ya cras,
A laylán ¿ay quien dé (5) mas?

Aunque rompe gran batalla
Quien encubre mal partido,
El que sufre maljet calla
No debiera ser naçido.
Pues amigos ni repós (6)

---

(1) E.—He, habré, verbo haber.
(2) Cras.—Adv. mañana.
(3) Magüer.—Aunque.
(4) Ay.—Hay, verbo haber.
(5) Dé.—Dar.
(6) Repós.—Reposo. Parece un galicismo.

Con fortuna es por demás;
Mi mote bendo por Dios,
Rematar lo e ya cras,
A laylán... ¿ay quien dé más?

REPUESTAS QUE HIZIERON. (1) *(Folio 134)*

GARCÍA DE GUIAR

Amigo, he grant pesar
De oyr buestra 'lmoneda (2),
Mas no me puedo 'scusar (3)
De tener la barba queda,
Amigo, en buestra 'lmoneda.

«Magüer beyo que pereçco»
Es el mote que bendeys,
Por el cual yo aborreçco
Las cuytas que padeçeys.
Agora quiero callar

---

(1) Todas estas respuestas se refieren al mote de Contreras; por eso las ponemos á continuación.
(2) Buestra 'lmoneda.—Vuestra almoneda.
(3) Puedo 'scusar.—Puedo excusar.

E guardar bien mi moneda,
Pues non me puedo 'scusar
De tener la barba queda,
Amigo, en buestra 'lmoneda.

Que ya conpré otro tál
Pensando enriqueçér,
Mas perdí todo el cabal
Que non me pudo baler.
Por ende (1), quiero passar
Sin mirar buestra 'lmoneda,
Pues no me puedo 'scusar
De tener la barba queda,
Amigo, en buestra 'lmoneda.

GUTIERRE DARGUELLO

OTRA REPUESTA. *(Folio 134.)*

El mote que se bendía
Dádmelo tanto por tanto,

_____

(1) Por ende.—Por tanto.

Por ser de la conpanía,
Senyor Diego, bet en quanto
Dádmelo tanto por tanto.

Las mudanças que sofri,
Diego, si por bien tenedes,
Tomát et deját á mi
Las cuytas que padeçedes
Magüer balga más quantía (1)
Quiérolo tanto por tanto,
Por ser de la companya
Senyor Diego, bet en quanto,
Dátmelo tanto por tanto.

Quien en tal contienda trata
Bien se bee en grant estrecha (2),
Mas lo que aunos mata
A los otros aprobecha.
Y pues ba sobre porfia
Magüer sea grant espanto,
Por ser de la companya
Dátmelo tanto por tanto.

(1) Quantía.—Cantidad.
(2) Estrecha.—Estrechura, aprieto.

DIEGO DE TORRES

OTRA REPUESTA. *(Folio* 134 *vuelto.)*

Quiero bos bien abisar
A los que 'l mote queredes,
Que sin de lo buestro dar
Asaç (1) cuytas sentiredes
Si començardes amar.

Que bos cunple yr hazer
A ninguno mal barato,
Car (2) de mal podedes ser
Hartos en pequenyo rato.
Si quisierdes requestar (3)
Do jamás bien no halledes
Pues sin de lo buestro dar,
Asaç cuyta sentiredes
Si començardes (4) amar.

---

(1) Asaç.—Bastante, harto; en este caso hartas.
(2) Car.—Porque.
(3) Requestar.—Pedir, suplicar.
(4) Començardes; en la primera estrofa decía *començare-*
des, pero en las restantes ya se halla suprimida la *e*, que
realmente sobra.

Lo que bos consejaria
Si quereys ser abisados,
Que por más dar porfia
No querais bebir lazrados (1)
Pues ansi (2) queret cessar
A tal mote no merquedes (3)
Que sin de lo buestro dar
Asaç cuytas sentiredes
Si començardes amar.

ESTACENA

OTRA REPUESTA. *(Folio 135.)*

Puxe quien querra puxár
Si dolór no la boreçe (4),
No sé para que conprar
Lo que no presta y enpeçe (5),
A mi assi me pareçe.

---

(1) Lazrados.—Lazrar, padecer trabajos, miserias.
(2) Ansi.—Así.
(3) Merquedes.—Mercar, comprar.
(4) Boreçe.—Consume, devora.
(5) Enpeçe, empecer.—Estorbar, dañar.

¿Quien ó qual es tan osado
Que compra por pregonero,
Magüer (1) halle de mercado
Gran cuyta por su dinero?
Por mi puedo segurar
Si el seso non me falleçe
Que jamas baya mercar (2)
Lo que no presta y enpeçe
A mi assi me pareçe.

La prenda mas escusada
Que ombre puede bender
Es dexar bida lazrada
Por bebir á su plazer.
Quanto yo dole (3) bagar
Alla (4) á quien perteneçe,
Car non entiendo conprar
Lo que no presta y enpeçe
A mi assi me pareçe.

---

(1) Magüer.—Aunque.
(2) Hay que sobreentender la prep. á.
(3) Dole.—Doler. Creemos que su traducción debe ser,
á mí me duela, pues doler es reflexivo.
(4) Alla, puede ser del verbo haber, haya, mas acaso está
empleado como adverbio de lugar.

PENYALOSA

OTRA REPUESTA. *(Folio* 135 *vuelto.)*

Diego, senyor, no bendays,
Creo que bos gozareys
De lo que fin esperays,
Por ende non bos cuydeis
Creo que gozareys.

Ya conoceys que amór
Prueba á sus serbidores,
Dales cuytas et dolór
Y es (1)
Si gozays de lo que amays,
Amigo, non remateys
De lo que fin esperays,
Por ende no bos cuyteis,
Podrá ser que gozareys.

Si dolores bos aqexan

------

(1) Ininteligible el resto del verso.

Yo quiero sofrir mi parte,
Aunqa (1) mi nunca me dexan
Ayudar bos he sin arte.
E bos mucho bos cuytais
E fforcat que no moreys
De lo que fin esperays,
Por ende no bos cuyteis
Podrá ser que gozareys.

ALFONSO DE CÓRDOBA

OTRA REPUESTA. *(Folio 135 vuelto.)*

Por un mote que se bende,
A laylan, oy dezir,
Espantado bine dende (2)
Del preçio que bi pedir.
A laylan, oy dezir,
Caber plazér so' pobre
Es mi mote assi nombrado,
Con bos aunque dolór cobre,
De trocár seré osado

---

(1) Aunqa.—Aunque í.
(2) Dende.—De allí.

Bet lo que se bos entiende,
Sin tener que repetir
Que 'spantado bine dende
Del preçio que bi pedir,
A laylan oy deçir.

Solo por mudar bentura
Hago con bos tal partido,
Bos tomarlo en tal figura
Que no lo tengo aborrido (1).
Quien á tanto s' estiende
Buestro mote rezebir,
Espantado bine dende
Del preçio que bi pedir,
A laylan, oy dezir.

MESSÍA

Otra repuesta. *(Folio 136.)*

Un mote que bendedes
No lo entiendo mercar (2),

---

(1) Aborrido.—Gastado.
(2) Mercar.—Comprar.

Digo (1) aunque bos cuytedes
En quererlo rematar
No lo entiendo mercar.

Muy terrible grant enojo
Abría en tal mercado,
Car comprar grant mál á ojo
Sentir mia por burlado.
Más si buen mote tenedes
No lo entiendo mercar,
Diego (2) aunque bos cuytedes
En quererlo rematar
No lo entiendo mercar.

El ques apassionado
E aflegido de dolór,
Debe de su buen grado
Mercar tal desfavór,
Mas de mi bos no curedes (3)
Que no lo entiendo mercar,

---

(1) Digo está escrito, pero bien pudiera haberse olvidado una *e* y ser Diego.
(2) El Diego escrito claramente en la segunda estrofa, confirma lo que antes hemos dicho.
(3) Curedes.—Cuidéis, de curar.

Diego, aunque bos cuytedes (1)
En quererlo rematar
No lo entiendo mercar.

MENDO CHAMISO

OTRA REPUESTA. *(Folio* 136 *vuelto.)*

Bien es triste mercador
El que merca buestro mote,
Mereçe grant dissfavor
E andar al estricote (2).

Yo no merco tribulança (3)
Que será grant neçedat,
Porque spero buen andança (4)
Apues (5) d' esta tenpestat.
Bos bendedlo si queredes

---

(1) Cuytedes, de cuytar, tomarse mucho interés por conseguir una cosa, afligirse.
(2) Estricote ó estribote.—Estrambote, estribillo.
(3) Tribulança.—Tribulación, pena.
(4) Buen andança.—Ventura, bienandanza.
(5) Apues.—Después.

Este jubón de Fusteda,
Aque'l lindo que sabedes
Que á nombre Avellaneda
Que se trae bien de seda.

De bos he grant conpassion
Porque bendeys buestro mote,
Que quien bende el jubón
No tiene para 'l escote.
De mercar no mentremeto
Esse pobre de laudél (1),
Mas bendetlo al discreto
E gentil de Marturel
Mas galán que Leonél (2).

Si tu senyor ensalçado
Lo hazes por me probar,
Perdiçion es apurar

(1) Como el Cancionero no tiene ortografía ni poca ni mucha, la palabra *laudél* está con minúscula y no sabemos si será nombre propio ó apellido y se referirá el poeta á alguno ó si hablará del mote. En este caso laudél significa alabanza.

(2) Creemos que alude á Leonis, caballero del rey Lisuarte; pero más probable es que se refiera á D. Leonis de Grecia.

' El metál que 's ya çendrado (1).
Leal te seré jamás
E por siempre musurado (2),
Senyor, en qual quiere estado
Compliré quanto querrás.

CUELLO (Pero).

(Folio 79.)

Si de ti no he balia
Senyora, sin fallimiento (3),
Sofriré muy gran tormento
Padesciendo noche et dia.

Bibo en mucha tristura
Cuando te non (4) puedo ber,
Con dolorosa amargura
Sin haber ningun plazer.

---

(1) Çendrado.—Puro, limpio.
(2) Musurado.—Mesurado, mirado, modesto.
(3) Fallimiento.—Falta.
(4) Te non.—Debe ser equivocación, porque la negación
es lo primero; non te.

Berdat puedo bien direr (1),
Que desque te soy servente (2)
Yo te siervo lealmente
Sin hazer otra folía (3).

EL MESMO *(Folio 79.)*

Si me preguntaren cuyo
Desdoy (4) más soy et seré,
Senyora, diré que tuyo
A ti siempre serbiré.

Sin errar, con lealtança
Te haré siempre serbicio,
Aquesta es mi maginanza
Sin hazer otro bollicio.
Mantener aqueste oficio
Tanto cuan yo bebiere,
A doquier que andobiere
Todo siempre así diré.

---

(1) Direr.—Inf. de decir.
(2) Servente.—Sirviente, servidor.
(3) Folía.—Locura, viene á ser un galicismo del francés
Follie.
(4) Desdoy.—Desde hoy.

En mí no hay poderío
Cosa quen el mundo sea,
Sino 'l tu gracioso brio
Nol qual no ha cosa fea.
Mi coraçon te desea
Muy legalmente seguir,
Si me quieres recebir
Yo tal jura (1) te haré.

_____

(1) Jura.—Juramento.

DEZA (Alfonso).

Canción. *(Folio 170 vuelto.)*

Así así, quien se catiba (1)
Como yo triste catibo,
Porque mas muerto que bibo
Me berán en quanto bibo (2).

Fuerza d' amor non sabia,
Todo pensé que era juego,
De si lançome en tal fuego
Que mi coraçon ardia.

---

(1) Catiba.—Cautiva.
(2) Bibo aparece en el Códice, pero acaso sea error de copia, por biba, y así lo indica la consonancia con catiba.

7

Por tal guisa (1) que abiba
Fuerte dolór tan esquibo,
Porque mas muerto que bibo
Me berán en quanto biba.

Mesquino (2) que por hablar
Solamente mi deseo
En tanta cuyta me beo
Que pienso desesperár.
E mi senyora me esquiba
De su mercét porque sirbo,
Porque mas muerto que bibo (3)
Me berán en cuanto biba.

DUDANÇA.

(Folio 14 vuelto.)

Si amor sse que se parte
Con desvio,

(1) Guisa.—Calidad, modo.
(2) Mesquino.—Mezquino, pobre.
(3) Bibo.—Rima bastarda con sirbo muy usadas en la época.

Desaffio
Quem (1) mi no abrá mas parte.

CANCIÓN EL MESMO. *(Folio 14 vuelto.)*

Amor quando me quitaste
De la senyora que biste
Yo te digo que me diste
Lançada que me pasaste.

Yo pensé que me trataras
Como en un tiempo trataste,
E que non me enganyaras (2)
Segun que me enganyaste.
Pues del todo me robaste
En quitarme lo que biste
Yo te digo que me diste
Lançada que me pasaste.

-----

(1) Quem.—Que en.
(2) Enganyaras.—La n con la y vale casi siempre por ñ.

DUENYAS (JOHÁN).

CANCIÓN. *(Folio 11 vuelto.)*

Aunque beo ques mi danyo
Ser de ti senyora, yo
Por todo tuyo me do' (1)
En estrenas del buen anyo.

E renuncio de oy mas
Todo mi franco poder
A ti, que puedes hazer
De mi cuanto te (2) querrás.
E con un amor estranyo
Con que mi alma te adora
Me do' por tuyo, senyora,
En estrenas del buen anyo.

E si bien me hizieres,
Sinó, tanto se me dá,

---

(1) Do'.—Por doy, pres. ind. dar.
(2) Te.—Por tú.

Que propuesto tengo ya
De ser tuyo si me quieres.
E donde non, sin enganyo
Te juro, quen todas maneras
Lo seré aunque no quieras
En estrenas del buen anyo.

DUENYAS (JOHÁN). *(Folio 46 vuelto.)*

Con gran reverencia é mucha mesura
Senyora, mi bien, presiento (1) este escrito
A bos, quien quiso padre bendito
Conplir de virtudes con grant hermosura.
En el qual suplico por breu (2) escriptura
Sumariamente mi gentil senyora,
Que so' (3) todo buestro desdagora (4)
Magüer (5) busco pena segunt mi bentura.

---

(1) Presiento.—Presento, ant.
(2) Breu.—Breve.
(3) So.—Contracto por soy.
(4) Desdagora.—Desde ahora.
(5) Magüer.—Aunque.

Repuesta della.

Senyor escudero, de toda tristura
Porque no penedes (1) agora bos quito (2),
E set bien seguro quel falso maldito
Amor, no me ligue en tal ligadura.
Que yo mesma habria á mi por locura (3),
Biendo esperiencia ser demostrada
Quantas mudanças hazeys en un hora,
Creher buestros dichos de falsa dolçura.

Repuesta del.

Si Dios me de bien, á grant sin razón,
Senyora, bos plugo decir mal de mi,
Pues nunca mi vida amé nin servi
Doncella ni duenya por tal intención.
(4) Car si la sirbiera sabet mi opinion
Que me contrallara (5) del todo fortuna,

---

(1) Penedes.—Penéis, verbo penar, padecer.
(2) Quito.—Libre, suelto.
(3) Quiere decir que se tendría por loca.
(4) Car.—Por que.
(5) Contrallara.—Contrariara, ant.

Yo nunca haria mudança ninguna
Que non lo sofriera mi buen coraçón.

Della.

Senyor escudero, buestra condición
Que fuese mexór de cuantas yo bi,
Por muchos exemplos pasados que oy (1)
Con todos los hombres bos hecho al rincón.
Que la que bos crehe no haga mención
Salvo que siembra buen trigo en laguna,
Por mucho más simple questando en la cuna
Tengo á la triste que crehe al barón.

Del.

Discreta senyora, tan sabia bos siento
E tanto avisada en todas las cosas,
Que no se que diga á buestras graciosas
Paraulas (2) tan sabias que á mi dan tormento
Salvo senyora que no bos consiento
Nin soy plazentero de tal egualanza,

(1) Oy.—Ant. oí, del verbo oir.
(2) Paraulas.—Palabras, ant.

Poniendo los malos en una balança
Con muchos hidalgos leales sin ticento.

Della.

Senyor escudero, flaco cimiento
Hhacen en mi buestras enganyosas
Paraulas soptiles, por ser enfintosas (1)
Que mi no harán jamas mudamento.
Salvo que bengo en conocimiento
Que hay muchos buenos de grant lealtança,
E obrando bien mueren sin dubdança
Mas destos yo dudo ser uno entre ciento.

Del.

El buestro gran seso asi m'atormenta
Con buestras fundadas é sabias questiones,
Que no sé en el mundo de todas naciones
Persona nascida que tal dolór sienta.
Mas bos mi senyora poniéndome en cuenta
De los mas leales, curat de mi llaga,

---

(1) Enfintosas.—Ant. engañosas.

Que no se tristura (1) su paz en tormenta.

Della.

Senyor escudero, por tanto sería
Segunt bien sabedes mayor buestro danyo,
Que mientre mas fino es é bueno el panyo
Tanto más caro, senyor, costaria
Por ende (2), en berdat, por qualquiere bia,
Por bos lo baler querria de grado,
Beyer bos (3) partido daqueste cuydado
Do nunca bos pueda venir alegria.

Del.

Senyora, haunque sea el panyo costoso
Si es carmesi de mucha valór,
Segun bien sabedes su fina colór
Donario (4) é vista es más provechoso.

---

(1) Tristura.—Parece estar empleado en el sentido de
cambiarse: nosotros comprendemos el sentido del verso de
este modo: «Que no se cambie ó trueque ó entristezca su
paz en tormenta.»
(2) Ende.—Ello, tanto.
(3) Beyer bos.—Veros.
(4) Donario.—Donaire, gentileza, gracia.

Vehét quantas cosas curable é honroso
Del qual á mi buestro (1) nos plazia bestir,
Ya si me poredes senyora partir
De mucho trebaxo é quanto danyoso.

Della.

Senyor escudero, á tan temeroso
Es mi corazón en mucho temor,
Que por la mentira vos juro senyor
Visible verdat creher non la oso.
Car tantas maldades el mundo enganyoso
En si contiene é husó seguir,
Que por la usança del mucho seguir
Lo muy berdadero es quasi dubdoso.

Del.

Discreta senyora, por cierto no dubdo
Quanto dezides ser todo berdát,
Mas mercét vos pido que ayas piedat

(1) Nos.—Medido el verso sobra esta sílaba que hemos puesto por no alterar el facsímil. Es indudable que es un error del copista.

De mi que so buestro alegre ó sanyudo.
Sabio discreto ó torpe ni mudo
Para bos servir tal qual yo sea,
Por ende vestitme de buestra librea
Del mas rico panyo ques to (1) muy desnudo.

Della.

Senyor escudero (2), en berdat yo cuydo
Que tantos exemplos con actoridat,
Nin silogismo de tanta maldat
Hombre del mundo no (3) tiene por escudo.
Como bos tenedes que magüer (4) mayudo
Sabér no me basta con buestra pelea,
Por ende bos pido que juez la bea
Sabio discreto no torpe ni mudo.

(1) Asi está escrito en el Códice, y su interpretación es, que estoy.

(2) En el Códice dice *escuydor*, pero hemos creido conveniente poner escudero como en las demás estrofas.

(3) Tiene está escrito, pero como la letra e hace largo el verso el autor debió escribir *llen*, contracción entonces muy en uso.

(4) Magüer.—Aunque.

Del.

Discreta senyora si por bien tomeredes (1)
Sin pleyto nenguno servir é loar (2),
A bos mucha buena hermosa sin par
Si buestra merce senyora quisiera.
Mas ya que no puedo por otra manera
Presento juez de mucha prudencia,
A los quales pido con grant reverencia
Que ayan mercé de quien los espera.

Ffin.

A Don Johan demando por mercé que quiera
Hoyr nuestro pleyto, é tome á Rodrigo
E á Fernant Pérez (3) entranios (4) consigo
Veyet estos tres si soys plazentera.

---

(1) Sobra la silaba *re* y debe ser tomedes, tomáis.
(2) Loar.—Inf. alabar.
(3) Suponemos que este Fernán Pérez será el tío del
Marqués de Santillana.
(4) Entranios.—Extraños.

Repuesta della.

Mexor me seriá que nunca nasciera
Cruel enemigo, que bos escuchár,
Ni tan triste pleyto con vos comenzár
Más que non puedo ya partir afuera
De tales jueces yo soy bien entera (1)
A los quales pido que ayan conciencia,
É justamente que dén su sentencia
Sin ser favorable legitima entera.

Ffin.

Catat (2) que es senyor la primera
Cosa que mando, por que bos digo,
Que á senyor pariente ni amigo
Non se rebele mi nombre cual era (3).

---

(1) Entera.—Contracción por enterada.
(2) Catat, de catar, ver; mirad. En el Códice, entre las palabras *catat* y *que* hay una señal que parece indicar la omisión de alguna palabra.
(3) Como se ve, en esta poesia se descubren ya vestigios dramáticos, pues toda ella es un animado diálogo perfectamente sostenido.

DUENYAS (JOHÁN). OTRO DEZIR. *(Folio 48.)*

Senyor Don Johan, excelente
Muy prudente,
Buestro todo Johán de Duenyas,
Muy verdadero sirviente
Homildemente
Notifico, no por senyas,
A buestra mercét senyor,
Que tan grant es mi dolór
Por servir bien é sin arte
A esta que me conquiso (1),
Que'n mi no tengo mas parte
Quel diablo en el parayso (2)

Senyor, del grant sentimiento
Que yo sento
Debeys habér conpasión,
Pues padeziendo tormento

---

(1) Conquiso.—Conquistó, del verbo conquistar.
(2) En el Códice está equivocado y pone *payso*. Hemos
creido conveniente poner la palabra en la estrofa, deshecho
el error.

Soy contento
Esquivo de coraçón.
Quien sirviendo me da pena,
Pero senyor es tan buena
La que sirvo, é tan discreta,
Que si non soy proveydo,
Con sentencia imperfeta (1)
Del todo seré perdido.

Tomat senyor, por Dios,
Estos dos,
A Rodrigo de Medina
E á Ferrant Perez, con bós
Que confió muy ayna (2),
Que por mucha de bondat
Habrán de mi piedat.
E si vos senyor don Johán
A estos daredes licençia,
Por su mercét, no darán
Contra mi cruel sentencia.

(1) En el manuscrito se lee *imperfecta*, pero es indudable que debió escribirse como la hemos puesto, porque la e
parece estar añadida en el verso del Códice.
(2) Ayna.—Aina, aún, pronto, fácilmente.

Ffin.

Senyor con gran reverencia
En absencia
Ante bos beso la tierra,
Porque saneis con clemencia
Su dolencia
Del que sierve é no yerra (1).

DUENYAS (JOHÁN). *(Folio 49.)*

Con grant sentimiento de mi coraçón
E puro dolór que he de mi (2) me sino,
No por argumento formado en su pesino (3)
Que no bastara mi flaca raçón.
Mas por otra alguna más clara intençión

---

(1) De esta poesía se desprende que el juez que eligió
para su sentencia Juan de Duenyas fué D. Juan II de Castilla, con cuyo Monarca tuvo el poeta gran favor, hasta que
lo perdió por cierta desenfadada poesía que desagradó al
Rey. Duenyas fué vate erudito-popular.

(2) En el Códice aparece como tachada la sílaba *mi* y en
realidad sobra.

(3) *Su pesino.* Hemos puesto la sílaba *su* porque así está
en el Códice, pero es supérflua y acaso sea error del copista del Cancionero. *Pesino* aparece aquí como pensamiento:
acaso es de *penso*, por *penso*, verbo pensar.

Discretas senyoras vos quiero decir
Meyudi (1) traidor que me haz morir
En bida bibiendo con tribulaçión.

No es hombre bibo ni cosa encantada
Este menhu (2) maldito enemigo,
De quien tanto mal senyores bos digo
Ni es fiera bestia en monte criada.
Mas este es un árbol de figura desordenada (3)
El abor (4) de si tan squivo fruyto (5),
Que talla é penetra mas que ayre corrupto
Al triste cativo do haç su morada.

En mi corazón dentro está nacido
Este dicho árbol, é tiene tres ramas
Que abrasan é queman mas recio que llamas
Al mi coraçón triste dolorido.

---

(1) *Meyudi.*—Mi yugo.
(2) Menhu, acaso es un catalanismo; menudo.
(3) Como se ve, este verso apenas lo es, pues que no tiene medida, lo cual choca en Duenyas, que es fácil versificador. Creemos que será falta del copista del Cancionero.
(4) *Abor.*—Arbol; el copista, si no el compilador, no debía ser muy perito en materia de poesías.
(5) *Fruyto* dice y creemos que sería *frupto.* El consonante corrupto parece demostrarlo, porque no es Duenyas de
los que usan muchas rimas bastardas.

N

Con muy grant ardor de fuego encendido,
Tanto en el mundo que no se que haga,
Pues este fuego tan tarde s'apaga
Sino esperar hasta ser ardido (1).

DUENYAS (JOHÁN). REPUESTA. *(Fol.* 99 *vto.)*

Aunque bisto mal argayo (2)
Riome d'esta hablilla (3),
Porque algunos de Castilla
Chirlan (4) más que papagayo.
Ya binieron al enssayo
En aquessos (5) montanyeses,
Preguntarlo á cordobeses
Como muerden en su ssayo.

A tal trae aterradilla
Que por esso no es donzella,
Nin la mujer no es más bella

---

(1) Esta poesía de Duenyas bien pudiera clasificarse como alegórica.
(2) Argayo.—Arrayo, arreo, atavío.
(3) Hablilla.—Habladuría.
(4) Chirlan.—Por charlan.
(5) Aquessos.—Esos.

Por tener mucha conçilla (1)
El hidalgo que sabilla (2)
De muy fuerte ymaginando,
Haga sus hechos callando
Pues la guerra es en la billa.

Nin por mucho amenazar
Non bos enganyen (3) antojos
De cobrar nuestros espojos
Más presto que por callar. ·
Más negra es de mirar
Segun mi seso adebina,
La prueba (4), dona Marina (5),
Non puede mucho tardar.

Nin por buestra fortaleza
No ay (6) acá hasta el lacayo,

(1) Conçilla.—Razón, causa, pretexto.
(2) Sabilla, á nuestro modo de ver, es contracción de *Sabidilla*, término desdeñoso contra los presuntuosos de erudición.
(3) Enganyen.—Engañen. La *n* y la *y* juntas suelen sonar como *ñ*.
(4) En el Códice dice *proucba*.
(5) Acaso esta doña Marina es la dama que no quería que se revelase su nombre.
(6) Ay.—Hay, haber.

Que bos deje'l (1) capissayo
Si non le days la corteza.
Mas con toda mi rudeza
Juro por mis oraçiones,
Que mas de quatro garçones (2)
Busques la paç é firmeza.

Ffin.

Bien hablar es gentileza
Pues no cuesta grandes dones,
Mas segun buestras razones
No sont de muy grant destreza.

DUENYAS (JOHÁN). DEZIR. *(Folio 101 vuelto.)*

Bi senyora una carta
Pero non de buestra letra,
Cuya intençión penetra
Mi coraçón, é lo harta
De dolores infinitos,
Mas Dios quiera pues mintieron

---

(1) Deje'l.—Deje el.
(2) Garçones.—Mancebos.

Que lo que tal bos dijeron
Todos sean de'l malditos.

Pero dudo yo, senyora,
Que pusiésedes bos duda,
En aquél que nunca muda
Su pensar de bos un ora (1)
Magüer (2) que me marabillo
Por buestra carta que bi,
En tomar bos contra mi
Sin por que, tal omezillo (3).

Car sin brebage amoroso
Como ya fue Don Tristán (4),
Gentil senyora, sabrán,
Que vuestro gesto hermosso
Me conquistó por tal bia,

(1) Un ora.—Una hora.
(2) Magüer.—Aunque. Como se ve, preferimos repetir los significados de las palabras, para mayor comodidad de los lectores.
(3) Omezillo.—Enemistad, querella.
(4) Hace alusión al libro de caballería de este nombre, perteneciente segun los críticos más autorizados al ciclo Bretón, uno de los en que se divide la literatura caballeresca.

Que Dios nunca me de bien
Si siento en el mundo, quien
Más degrado serbiria.

Pues pensar bien que dezis
Mi senyora berdadera,
Que por cierto si yo fuera
En el tiempo d' Amadís (1)
Segun bos amo y adoro
Nuestra fuera la más parte
De la inssola del Ploro (2).

Que Apolonio (3) luego bieres
Que lo pasaba en amar,
Pues su senyora igualar

---

(1) Alude desde luego al Amadís de Gaula, famoso y ex-
celente libro de caballería, uno de los pocos que en *Don
Quijote* se libran de las llamas en el escrutinio del Cura y el
Barbero.

(2) Como se ve, en esta estrofa falta un verso, pues sólo
tiene siete. Acaso esta isla es la llamada Triste, mencionada en el libro Amadís de Gaula.

(3) Se refiere al poema de Appollonio y creemos que al
poema español, pues que la leyenda de Appollonio, Rey de
Tiro, como dice acertadamente un erudito autor crítico
contemporáneo, recorrió todas las literaturas de la Edad
Media.

Con bos nunca se pudiera.
Que 'n sus libros non se muestra
Nin por ninguna escritura,
Que su mucha hermosura
Igual fuera de la buestra.

Pues por cierto mis amores
Non fuera suya tan plana,
De la gentil Oriana (1)
La capilla de las flores.
Ni fuera tan escogida
En beldat, yo asi lo creo
La hermosa reyna Iseo (2),
Si bos fuérades (3) nasçida.

Ffin.

Por lo qual toda mi bida
Aunque la posse muy fuerte

---

(1) Oriana es la dama de quien se enamora Amadis, el cual la conoce en Escocia. Oriana es en el poema hija de Lisuarte, Rey de Inglaterra.
(2) Iseo la Brunda, hija del Rey Languines de Irlanda. *Amadis.*
(3) Fuérades.—Fuérais.

Hasta el dia de mi muerte
Bos sereis de mi servida.

DUENYAS (JOHÁN). DEZIR. *(Folio 132 vuelto.)*

Senyora, yo escriby
A bos y á mi cruel madre,
Enemiga de su padre
El qual respondió por si.
Mas yo triste que sofri
Con boluntat sana é buena,
Bien serbiendo, mucha pena
Por la repuesta que oi
Esten jemplo (1) puse aquy:
Quien matar quiere su perro
E non sabe en que manera
Aunque nunqa haga yerro
Busca chaque (2) por do muera.

Asi bos, senyora mia,
Abeis gana de mi muerte,
Mas no se quien lo conçierte

---

(1) Esten jemplo.—Este ejemplo.
(2) Chaque.—Achaque, pretexto.

Justamente sin falsia.
Tan sin arte bos sirbia,
Sierbo et serbiré senyora,
Que non cesso sola un ora
Serbir buestra senyoria,
Mas diré sin alegria:
Mas me baler
Que non creher de ligero,
Pues que non puedo tornar
Mi coraçón do (1) primero.

Assi yo, pues con locura
Crey (2) quanto me dijystes,
Debo caer con los tristes
En honda cárcel escura,
Bibiendo con amargura
E será bien enpleado
Pues serbi do no mangrado,
Mas diré yo sin bentura
Esten jemplo con tristura:

(1) Do pone en el texto, que está casi ilegible en algunos puntos. Más lógico parece y tiene más sentido *lo*.
(2) Bueno es advertir que en la Edad Media se usan *i* é *y*
con igual valor y sonido y una por otra.

El que siembra en mal barbecho
E dá oro por arambre (1),
Si Dios mayude, es derecho
Que despues muera de hambre.

Assi, pues, sin discreción
Sembré mi trigo en laguna,
Aunque lo pudra fortuna,
Si Dios mayude, es razón.
Pues bos di mi coraçón,
Mi boluntát cuerpo et alma,
Mi mal no debe aber calma
Pues yo mesmo fue ocasión.
Mas diré toda razón:
El que antes de su muerte
Dá lo suyo sinplemente,
Mereçe por mala suerte
Con un grant maço en la frente.

Assi yo, pues di lo mio
A bos á quien tanto amé,
Con razón padeçeré

(1) Arambre.—Alambre.

Hambre, set, dolor é frio.
Senyora, sobre mar guio
Nabegaré aun que peno,
Que algun tienpo estará lleno
Mi barco questá baçio
E diré estando en el rio:
Si cuytas, pesar, me diste,
Poderoso amór loado,
Tal emmienda me heziste
Que me tengo por pagado.

Ffin.

Porque sea conssolado
Mercét, senyora, bos pido,
Si erré ó fallecido
De que sea perdonado,
Mas diré por lo passado,
¿Que diré? La cabrilla
Acorre (1) con tu soguilla

---

(1) Acorre.—Acude, socorre.

DUEÑAS (JOHÁN). DEZIR QUE HIZO. *(Fol. 146.)*

Entre todos los cuydados
Que yo cuytado cuydaba,
Uno de los olvidados
En que ya menos pensaba.
Ayer dia de Sant Johán
Me renovó tal afán
Que la meytat (1) abastaba (2).

De do qual más que de cosa
Me hago maravellado,
Según la pena quexosa
De quando era namorado.
Car si yo por bien tobiera
Escarmentado debiera
Quedar del tienpo pasado.

Car según el gran pesar
Que largo tienpo sofri,
Bien me debiera guardar

_____

(1) Meytat.—Mitad.
(2) Abastaba.—Bastaba, del verbo bastar.

Poderoso amor de ti.
Pero si no me guardé
Y algun danyo cobré
Bien enpleado es en mi.

Que ya tanto me seguia
En libertat é plazeres,
Que yo, senyor, non tenia
Punto ni más tus poderes.
Et si por esto padezco,
Yo confieso que merezco
Tanto mal quanto me dieres.

Mas ya quanto bibo sea
Yo senyor nunca diré,
Por turbada que la bea
De'stagua (1) no beberé.
Car fuerte cosa es la set
Ante senyora mercét
De ti sienpre ppesaré.

(1) De'stagua.—De esta agua.

Duenyas (Johán). Canción. *(Fol.* 146 *vto.)*

¡Ay de bos despues de mi!
¿Que quereyssu conpania,
Del que no tiene alegria
Para bos ni para sí?

¡Ay de bos despues d' aquél
Que jamás en quanto bibo,
Dolor et (1) tristor esquibo
Harán conpania con el!
¡Ay de bos despues de míl
¿Que 's (2) lo que pensais aber.
Que non biene plazer
Para bos ni por (3) así?

¡Ay de bos despues del muerto
Do bibe tan sin bertút,
Que de plazer et salút

---

(1) En el Códice, entre estas dos palabras, aparece la sílaba *mal*, que hace el verso sumamente largo.
(2) Que's.—Que es.
(3) Por.—Para.

Siempre le halla desierto!
¡Ay de bos despues de mi
Que mandar non bos conbiene,
Ningun bien, al que no tiene
Para bos ni por asi!

¡Ay de bos despues del triste
Abastado (1) de pesares,
Tantos é tan singulares
Que no ay mas que me conquiste!
¡Ay de bos despues de mi!
¿Por á que buscais amparo
Del que no tiene reparo
Para bos ni por así?

(1) Abastado.—Bastados, de abastar, ser bastante.

ESTAMARÍU

(Folio 51 vuelto.)

Por un tal depaitimiento (1)
Sospirar de corazón,
Yo devo con grant razón,
Et llorar sin ningun tiento.
Ahun mi sentimiento
Me haze maravillar
Como dexa de matar (2)
A mi un tal pensamiento.
De lo qual muy más contento

---

(1) Departimiento.—Depaitir, alterar, declarar, explicar.
(2) En el Códice la sílaba *me* aparece colocada entre las dos últimas palabras del verso. Destrúyelo y le hace largo.

Yo seria que d'absencia
Car privar me tu presencia
M' es (1) morir, casi lo siento.

OTRA SUYA. (Folio 51 vuelto.)

E será berdat, senyora,
Que de mi grave tormento
Buestro querer muy contento
Ser demuestre toda hora.
E con piedat conjunta (2)
Mostrat ser, en mi obrando,
O la muerte bos demando
Por pasar la pena junta.

DEBAT DE UNA SENYORA ET DE SU BOLUNTAT.

(Folio 56.)

Comiença mi boluntat
A desamar (3),
Pues comiençan mal tratar

---

(1) M' es.—Me es.
(2) Conjunta.—Reunida.
(3) Desamar.—Dejar de amar.

Mi honestat (1).

Amor bien tiene poder
Su amando,
A mi siempre de hazer
Bebir penando.
Mas por cierto boluntat
· No quer (2) dexar,
Yo hoviese mal tractar
Mi honestat.

REPUESTA DE LA BOLUNTAT. *(Folio 56.)*

Bien parece mi senyora
Bos no sofrir,
El dolor qu' amor domora (3)
Hhace sentir.
Si no bos creet y pensat

---

(1) Honestat.—Honestidad.
(2) En el texto aparece casi ilegible esta palabra. Nosotros la interpretamos por *querer*, del verbo querer.
(3) En el Códice pone *domara*, que no tiene sentido y
debe ser error del compilador del Cancicnero. Nosotros lo
hemos comprendido por *morar, habitar, ...que amor donde
mora*. Esto es lo que dice el verso, con la contracción del
donde en do exigida por las leyes métricas.

Que 'l holvidar
Bos hiziese por amar
La honestat.

Porque digo me mandat
Ante matar,
Qu' Estamariu yo desamar
Por honestat.

OTRA SUYA. *(Folio 56 vuelto.)*

Has hoydo, bida mia,
Desque alegria bidó (1),
Que de ti me despedia
Como sse de mi partió.

Non porque tu gran firmeza
Non le yo bien raçonasse,
Bossé contigo quedase
Le rogué contra tristeza.
Nin quiso tu conpanya
Nin la mia, de que bió

---

(1) Bidó.—Vió.

Que de ti me despedia,
Ante (1) se luego partió.

Porque si nuebas á ti
Alla yendo algun ora
Te quiera contar senyora,
Non se las creas de mi.
Car sepa tu senyoria
Que non la bi nin me bió
Hhastagora (2), desde 'l dia
Que dallí se me partió.

Adios quedeis linda corte
Cuarnida (3) de grant poder,
Pues en ti es mi plazer
Mi gloria et mi conorte (4).

Adios quede 'l lindo Rey
Reyna, Infante et donzellas,
Pues me bo' conplir la ley,

(1) Ante.—Antes.
(2) Hhastagora.—Hasta ahora.
(3) Cuarnida.—Guarnecida, adornada, guarnir.
(4) Conorte.—Conhorte, consuelo, alivio.

Adios queden todas ellas.
Car non puedo al hazer,
Más servir he obedescer
Quiero yo 'n (1) quanto bibiere
A bos estrella donorte (2).

(1) Yo 'n.—Yo en.
(2) Donorte.—De norte. Como se observará por el apellido y los modismos de sus versos, Estamaríu debe ser catalán.

GARCÍA DE MEDINA

CANCIÓN. *(Folio 8 vuelto.)*

Coraçón, morir, morir
Te conviene, pues fortuna
Muchas muertes que no una
Nos quiere hazer sofrir.

Coraçón desventurado
Triste, rico de desseo,
Cativo (1), pobre, menguado
De cuantos bienes yo beo.

---

(1) Cativo.—Cautivo, preso.

Di maldito sin mentir
Si tu muerte t'as (1) buscado,
¿Que te hize yo, cuytado,
Que me las hazes sentir?

GARCÍA DE MEDINA. CANCIÓN. *(Folio 171.)*

Si senti por bien amar
Parte de mi grant dolor,
Ayúde vos Dios senyor
Que yo ando á demandar (2).

Yo siento muchas pasiones
Que todas son par (3) de muerte,
Por beer grandes bisiones
En la que me cayó en suerte.
Esta serví sin errar,
Jamás non me dió favor,
Ayúde vos (4) Dios senyor

---

(1) T'as.—Te has.
(2) Demandar.—Suplicar.
(3) Par.—Igual. También por, prep.
(4) Ayúde vos. Así está en el Códice, separado el vos.—
Ayúdenos, resultaría con más sentido.

Que yo ando á demandar.

Que, senyor, todo el bien
Quando yo sirbiendo hize,
Sabet que lo hize á quien
Cada dia me maldiçe.
Si vos queredes d' esto ayudar (1)
Que non lo tengo mexor,
Ayúde vos Dios senyor
Que yo ando á demandar.

Sintiéndose por serbida
Esta senyora, de mi,
Dijo, despues de tu bida
Yo haré mençión de ti.
Que gualardón de esperar
Beet si puede ser peor,
Ayúde vos Dios senyor
Que yo ando á demandar.

---

(1) Como se ve esto no es verso, y hay sin duda alguna
equivocación que no hemos podido deshacer.

Ffinida.

Ventajada de bien obrar (1)
Se cobra por desamor,
Ayúde vos Dios senyor
Que yo ando á demandar.

---

(1) Ventajada dice en el Códice, pero bien pudiera ser *ventaja*, que resulta con más sentido y no hace el verso largo.

MONTORO (Alonso) (1).

(Folio 13.)

Mas quiero contigo guerra
Amor, que con otro paz,
Quien tantas veces me yerra
No quiero ser suyo más.

Espere tu cortesía
Quanto tiempo tu quesiste,
A la fin tu tiranya

---

(1) No se sabe si Alonso Montoro, Juan Montoro y Montoro, mencionados en el Cancionero que publicamos, serán
parientes del célebre Antón Montoro el Ropero. Amador
asienta que el Ropero tuvo un hijo, del que se hace mención en el Cancionero general.

Me haze que biba triste.
Alevosa, tú no piensas
Que por ti muchas ofensas
E sofrido, pues berás
Amor que pago me das.

MONTORO (ALONSO). *(Folio* 169 *vuelto.)*

Senyora, pues non olvida
Mi coraçon tu pensar,
Cierto es que debe estar
En tu poder la mi vida.

Senyora, pues quativaste (1)
A mi que so (2) tu cativo,
Cúmplase lo que mandaste
A mi, pues que tuyo bibo,
Que non creyo que naçido
Es quien me pueda quitá (3)
Daquesta quen mi más parte
En tu poder la mi bida.

(1) Quativaste.—Cautivaste.
(2) So, contr. de soy.
(3) Quitá, por quitar.

MONTORO (Juan).

(Folio 72.)

¡Ay! cuytado beo agora
Que mis cuytas no han cuenta,
Esto me causa senyora
Buestro amor que m' atormenta.

Dios puso en buestra figura
Senyora, tanta birtut,
Que non se otra salut
Que á mi sane de tristura.
En que bibo sin bentura
Toda mi vida 'n (1) dolor,
Del dia que 'l vuestro amor
Me prisó (2) de sobrevienta (3).

Desque de vos fuy pagado

---

(1) 'n.—En.
(2) Prisó.—Tomó, apresó, de prenjer.
(3) Sobrevienta.—Suceso, caso repentino.

Jamás en toda saçón,
Nunca de mi coraçón
Se partió deseo et cuydado,
Que me trae atormentado,
Senyora, en tan grant tormento,
Que ya en el mundo non siento
Do es amor que tál por si.

MONTORO.

(Folio 170 vuelto.)

Pues non sope ser contento
Ni ventura conocer,
Si perdi todo plazer
Cuytado agora lo siento.

Los mis dias se pasaron,
E jamás non conoçi,
Tanto bien como perdi
En el tiempo que duraron.
Por que soy en perdimiento (1)

---

(1) Perdimiento.—Perdición.

Loado seays amor.
Que á Deus mi ban senyor (1)
Ffue causa de mi tormento.

¡Ay, cuytado! tal pesar
Sofrir no lo entiendo,
Mas pues muero asi bibiendo
Bibo me quiero enterrar.
E será el enterramiento
Cativo de mi (2) tristura
Pues me fallezco, ventura
Cobrirá mi monumento.

MONTORO. *(Folio 2 vuelto.)*

Amor que yo vi
Por mi pesar,

---

(1) No hemos entendido este verso, copiado literalmente
del manuscrito. Deus parece la palabra latina que significa
Dios. Tal vez la prep. *a* sea ó y la silaba *ban*, *gran*, en cuyo
caso tendria más sentido: *Que o Dios mi gran senyor...* pero
esto no pasa de ser una conjetura hipotética. También pudiera estar empleado el *ban* en sentido de pena.
(2) Al final de esta estrofa también aparece entre las palabras *mi* y *tristura* la silaba *ban*, que no tiene sentido si no
en el caso de que se tome por gran, grande.

Quiero olvidar.

Mi coraçón se fué perder
Amando á quien no pude aber,
Si lo perdi
Por mal buscar
¿Do lo yré hallar?

Por se perder cuytas le dan,
Et puso á mi en tal afán,
Que bibo asi
Sin le cobrar
Por le contentar.

Alli do piensa bebir
Hhace á mi solo morir,
Más pues alli
Piensa durar
Dévolo desear.

MONTORO. *(Folio 24 vuelto.)*

Ya querria desdaqui
Poder desamar á ty.

Si mi coraçón cuytado
Quiso ser atormentado,
Yo nunca por mi grado
En tal pena consenti.

Quando fué á tu poder
Nunca me quiso veer,
Agora se quiere volver
Non puede forcar (1) asi.

E si yo tan bien quería
Partirme por qualquier (2) bía,
El me puso en tal poder
Que non soy senyor de mi.

Nunca ceso 'n comedir (3)
Si pueda sin tí bebir,
Más non te pudo huyr
A (4) tanto que muera ansi.

---

(1) Forcar.—Sacar algún fruto de lo que otro ha dis-
frutado.
(2) Qualquiere dice en el Códice.
(3) 'n comedir, en pensar, premeditar.
(4) A.—En.

Pues non puedo desamar
La que me cumple olvidar,
Si tal vida he de durar
Hasta que por mal teni (1).

MONTORO (Alonso).

CANCIÓN. *(Folio 31.)*

Pues por tí peno, amor,
Si á tí non me reclamo,
Yo me soy meresçedor
Ser indino (2) de favor
De quien sabes que más amo.

Amor, cuando tu ordenaste
El conplido bien damar,
Un graçioso árbol plantaste
Et por mal de mi bedaste
De su dulce desear.

---

(1) Teni, ant. tuve.
(2) Indino.—Indigno, no acreedor.

Seguiste por mi dolor
Del su amargo ramo
Dándome por pecador,
Mercét me gana senyor
De quien sabes que mas amo,

MONTORO.

(Folio 31.)

A partar pueden á mi,
Senyora, de bos myrar
Mas non de bos desear.

Por bos servir lealmente
A bos suy (1) obedesçer,
De mi omilde querer
En que bos soy obediente.
Et seré jamás asi,
Que amor me haze pensar
Non bos poder olbidar.

---

(1) Suy.—Soy.

MONTORO. *(Folio* 31 *vuelto.)*

Ni el coraçón me basta
A tantas cuytas sofrir,
Sin me partir
Amor es el que me gasta.

Non ay tal que sin dolor
Ya me podiere apartar,
Donde quiso sin temor
Mi coraçón conquistar.
En logar que bien lo basta
Et dió á mi por cargo
Tan amargo,
Cuydado que me desgasta.

MONTORO. *(Folio* 62.*)*

Si por yo servir, senyora,
Buestra muy gentil figura,
Mi vida es en aventura
Buestro soy más toda ora.

Buen bebir haze muriendo

Asi çierto supiese,
Que amor me agradeçiese
La muerte en bos serbiendo,
Senyora, de quien entiendo
Por sienpre ser serbidor,
A bos serbir sin temor
Buestro soy más toda ora.

MONTORO. *(Folio 62.)*

¡Ay! cuytado, agora siento
Que por mi mal conoçí,
Tanto bien como perdí
Por cobrar tal perdimiento.

Los mis dias ya pasaron
En que yo bebir solía
Con plaçer y alegría
Todo 'l tiempo que duraron.
Pues non se anparamento
Loado seas amor,
Que á Deus minya (1) senyor

(1) También resulta oscuro este verso. *Minya* parece la
palabra gallega que significa *mía.*

Fué causa de mi tormento.

Hordenar quiero mi bida,
Pues so' puesto en tal cuydado
Que morir debo, cuytado
D' hazer bida perdida.
Et será puesto
Ruysenyor béote quejoso,
Amor cruel é brioso
Hará por mi complimiento.

Ya non puedo más durar
Esta vida padesciendo,
Et pues muero asi bibiendo
Bibo me quiero enterrar.
Cativo de minya tristura (1)
Pues me fallezco, ventura
Cobrirá mi monumento (2).

---

(1) Este verso aparece repetido en el Códice.
(2) No sabemos de cuál de los dos Montoros, Juan ó Alonso, serán las poesías firmadas por Montoro solamente. Amador, sin designar concretamente á ninguno, cree que serán de uno de ellos.

ORTIZ CALDERÓN (Sancho).

(Folio 164.)

Tengo por mal enpleado
Amor, quanto te serbí,
Pues de tu corte assí
Me beo agora olbidado.

Terrible é peligrosa
Amor beo tu comienda (1),
Con tristeza é contienda
Muy esquiva é danyossa.

_____

(1) Comienda, encomienda, encargo.

Non segura más dubdosa,
El que 'n tí tiene fiança,
Bana es su esperança ·
En tu triste gasajado (1).

Quien lealmente sierbe
Es le mal gradeçido,
Cedo (2) pones en olbido
Aquel que contigo bibe.
Todo cuerpo se 'squibe ·
De tu erguloso (3) brío,
Pues tu alto poderío
Osa tan desaguisado (4).

Desde agora me despido
De la tu preciada corte,
Pues tan gran mal é fortuna (5)
Por tí me fue bastecido (6).
Sienpre será mi apellido

----

(1) Gasajado.—Agasajado, agasajo.
(2) Cedo.—Luego.
(3) Erguloso.—Orgulloso, vano.
(4) Desaguisado.—Desacierto, injusto, adj.
(5) En el verso se lee además la sílaba *que*, supérflua.
(6) Bastecido.—Bastecer, lo que es bastante ó suficiente.

Por doquiere que fuera mi balía (1),
Ya que amor de cobardía
Me lexa (2) tan tribulado.

ORTIZ CALDERÓN (Francisco).

(Folio 86.)

De bos serbir, senyora,
Jamás non çessaré,
Bien serbiendo esperaré.

Imagen tan preçiosa
Como es la buestra faç,
Linda enamorosa (3)
Bista de gran solaç,

---

(1) Como se ve, este verso no corresponde por el número
de sílabas con los restantes de la poesía; creemos, como hemos dicho de otros en igual caso, que será error de copia;
pero trasladamos íntegro el verso porque no resulta clara la
investigación. Acaso sobra el *que fuera*, que en realidad no
es necesario para la inteligencia del verso.

(2) Lexa, de laixar.—Dejar.

(3) Enamorosa.—Amorosa.

En quien mi cor (1) adora
Sienpre así diré.

Querer ya podedes
Graves cuytas partir,
De mí que hallaredes
Leal en bos serbir,
Buestro en toda ora
Me llamo en buena ffé (2).

---

(1) Cor.—Corazón.
(2) En el Códice hay otra poesía que parece de Calderón,
la cual no publicamos, porque, además de no estar seguros
de ello, es una composición escrita casi en su totalidad en
catalán.

PADILLA (JOHÁN).

(Folio 29 vuelto.)

Senyora, á quien m' ofreçco
Más de mil bezes al día,
Ménbrate (1) por cortesía
De mí triste que padeçco.

Senyora, por quien espero
Ser de mi mal acorrido,
Pues so' tuyo todo 'ntero
No me pongas en olbido.
Pues por te serbir pereçco

---

(1) Ménbrate, de menbrar.—Acuérdate.

Alongado (1) d' alegría,
Ménbrate por cortesía
De mí triste que padeçco.

Senyora, cuya tardança
Es á mi bida dudosa,
Pues tú eres mi sperança
Sey contra mi piadosa.
Pues que yo mal no mereçco
Por amar tu senyoría,
Ménbrate por cortesía
De mí triste que padeçco.

PADILLA (JOHÁN). *(Folio 30 vuelto.)*

Si padeçco triste bida,
Senyora, por bos no ber,
Ya podedes entender.

Ya podedes entender,
Mi triste coraçón
Bibe 'n gran tribulaçión

_____

(1) Alongado.—Apartado.

No sperando aber plazer.
Mas nunca jamás partida
Yo haré de buestro ser
Auber (1) .....

PADILLA (JOHÁN). *(Folio 83 vuelto.)*

Pues que siempre padesçí
Desque bos bí,
Por bos senyora padeçco,
Par mientes (2) si mereçco
El mal que sufro et sofri;
Triste de mí,
No creades que entiendo
Ni desçiendo
De mi loca (3) 'maginança;
Mas nunca haré mudança
Lealmente vos serbiendo,
Et entiendo
Cobrar al bien que perdí

---

(1) Auber.—Haber. Falta en el Códice el resto del, verso.
(2) Par mientes.—Por voluntad, intención.
(3) 'maginança.—Imaginación. Aquí parece estar en el sentido de intención, propósito.

Hhasta quí;
Por lo qual yo non desmayo,
Levántame aun que cayo (1)
Esperança en que bebí
Desque naçí.

PADILLA (JOHÁN). *(Folio 85.)*

De amargura tormentado
Atiendo sienpre bebir,
Senyora, pues que morir
Me conbien' á buestro grado
¿Qué será de mí, cuytado?

Moriré con lealtança
Por crueldat que m' alcança.

Senyora, por Dios, querer
Hazer bos á tan conplida,
De hermosura guarnida (2)
Non devo yo padeçer.
Pues que quando fallesçer

---

(1) Cayo.—De caer.
(2) Guarnida.—Adornada. Guarnir.—Guarneçer, bordar.

Bos solía algo d' esto,
Siempre me hallastes presto
A todo buestro mandado
Desten xenplo (1) so' acordado.

Tanto bien aya tu amigo
Que non se noxe (2) comigo.

PADILLA. (JOHÁN). *(Folio* 143.*)*

Non despiense (3) quien pensaba
Si linda senyor serbía,
Que dexó nin dexaría
Mi porfía.
Nin cesse quien no cesaba
De loar su senyoría,
Atendía
Bien de la que tanto amaba;
Pues non hallo nin hallaba
Igual desta, senyor, mía.
Loando la noche é día

---

(1) De este ejemplo.
(2) Noxe.—Enoje.
(3) Despiense.—Arrepienta, de despensar, ant.

Fenesçería (1),
Créalo quien lo dubdaba.

PADILLA (2).

(Folio 49 vuelto.)

Los que siguides (3) la bía
Alegre de bien amar,
Una ora sola del día
Bos plazia de contenplar
En la trista (4) canción mia,
Non so ya quien ser solía.

SARNÉS.

Quien entiende mexoría
En buestra canción tomar,

---

(1) Fenesçería, de fenescer.—Acabaría.
(2) Esta poesía es un diálogo entre Padilla y Sarnés, cuyos versos van á continuación.
(3) Siguides.—De seguir.
(4) Trista.—Triste.

Contemple que yo no por ia (1)
En tal cosa ymaginar,
Pues mi senyora me guía
Serbirla he todabía.

PADILLA.

No so de tal opinión
Quando en ella bien pensedes,
Que hareys como el pavón
Quando se mira á los piedes.
Pues quien buen tienpo había
No cure d' otro esperar,
Que poco le durara (2)
Si bien quiere escuchar
Una trista cançión mía,
No so ya quien ser solía.

---

(1) Así está escrito en el Códice. Desde luego resalta la
falta de una letra, que no sabemos si será la *d*, para decir
podría. También puede estar la r por *d* y ser *podía*.
(2) Así está escrito, pero acaso se ha omitido una letra, y
la fuerza del consonante parece corroborarlo. Durara, por
duraría.

SARNÉS.

Opinyón más que razón
Ciertamente mantenedes,
Siempre buestra discreçión
La porfía que tenedes
Si fortuna bos desvía,
No querades desloar (1).
Amor que ha tal balía
Que me haze asi hablar,
Pues mi senyora me guía
Serbir la he todabía.

PADILLA.

En la su muy grant dolçura,
Amigo, no bos fiedes,
Que sabet que 'n amargura
Se torna segunt beredes.
Que yo 'sperança tenia
De mi deseo alcançar,

---

(1) Desloar.—Reprender, desacreditar.

Más toda mi alegría
Se me tornar (1) en pesar
En la trista cançión mía,
No so ya quien ser solía.

SARNÉS.

Amor es de tal natura
Qua los unos da merçedes,
A los otros da tristura
Tal qual bos la padeçedes.
Si por yerro ó por falsía
El bos quiso condepnar,
Por eso non lexaría (2)
De seguir este cantar,
Pues mi senyora me guía
Serbirla he todabía.

PADILLA.

Non bos consejo apartar
Antes bos digo que amedes,

(1) Tornar dice, pero creemos que sobra la r final.
(2) Lexaría, de leizar.—Dejar.

Mas consejo bos entrar
Tanto que fallir (1) poredes.
Que luego se perdería
Si mientes quisiere (2) parar
En la trista cançión mía,
No so ya quien ser solía (3).

SARNÉS.

Ya por buestro consejar
Por çierto no conoçeredes (4),
Que yo cure (5) conposar (6)
En amar como querredes.
Entraré, que al no, haría

---

(1) Fallir.—Faltar, fallar.

(2) Quisiere dice en en el Códice; pero como resulta largo el verso bien puede ser una equivocación. Entonces eran muy frecuentes, y en alguna de las poesías que publicamos han podido verse, abreviaturas y contracciones. Así quisiere puede ser *quisier*.

(3) No creemos (pero sin asegurarlo rotundamente) que este Padilla sea el poeta del mismo nombre y apellido de tiempos de los Reyes Católicos. El cartujano era esencialmente Dantesco y el Padilla de nuestro Cancionero es bien marcado, cultivador de la escuela cortesana.

(4) Conoçeredes, por conoçerdes; por la misma razón indicada acerca quisieres.

(5) Cure.—Cuidar.

(6) Conposar.—Compesar, estimar.

Quanto pueda abastar (1),
De fallir no curaría
Fforçando me tal osar,
Pues mi senyora me guía
Serbirla he todabía.

(1) Abastar.—Bastar, ser bastante.

SARNÉS

¡O que bien aventurado
Me siento por una cosa!
Que amo la más hermosa
E la mejor á mi grado.

Dios la hizo sin fallir
En beldades acabada,
Muy donosa en reyr,
En su gesto sosegada.
En sus hechos aseada,
Honesta en hablar,

Como sabe conportar
Al que della es amado.

De saber y de alteza
Nunca trobé (1) yo su par,
Cuarnida (2) de sabieça (3)
Bien dispuesta por amar,
Muy bien sabe avançar,
E quien quiere todavía
Ya me a (4) puesto tal bía
Que por suyo me a tomado.

Senyora, si m'a bastado
Mi saber en bos loar,
Ruego bos que sin tardar
De bos sea perdonado.

OTRA. *(Folio 161 vuelto.)*

Amigo si goçedes

---

(1) Trobé.—De trovar, hacer versos, cantar.
(2) Cuarnida, guarnir.—Bordar, adornar.
(3) Sabieça.—Sabiduría.
(4) A.—Ha, del verbo haber.

Dezitme una berdat,
El dia que partiredes
Se sintredes (1) gran pesar.

Senyora, de buestra bista
So' mucho enamorado,
E si bibo en conquista
En buestra merçé pagado,
Que seyendo (2) apartado
De buestra merçé, senyora,
A tan solo una hora
No puedo bebir pagado.

Quando pienso en partir,
Senyora, de do (3) bos estades,
Tal dolor me feç (4) sentir
Que mucho me turmentades.
Por ende bos pido que ayades
De mi merçet algun ora (5),

(1) Sintredes.—Sentís.
(2) Seyendo.—Siendo. Verbo ser, ant.
(3) El verso resulta largo, pero lo trascribimos íntegro porque no resulta claro como el autor quiso escribirlo.
(4) Feç.—Hace.
(5) Ora.—Hora.

E seré buestro, senyora,
Por doquiere que querades.

SARNÉS. OTRA. *(Folio 168.)*

Sienta quien sentido tiene,
Que partir de buen amor
Es dolor,
Tal que sentir no se conbiene (1)
Sino á buen serbidor.

Sepan todos los que aman
E mereçen ser amados,
Que mis sentidos se desmayan (2)
E siento que son turbados.
Pues sana lo que sostiene
En gentileça é 'onor,
Tal que sentir no se conbiene
Sino á buen serbidor.

---

(1) También resulta largo el verso. Acaso sobra la sílaba se.
(2) Desmayan, rima bastarda con aman. Eran muy frecuentes por aquel tiempo.

No entiendo más placer
Reçebir donde yo sea,
Ante' quiero padecer
Hhasta mi coraçón bea.
La que siempre lo retiene
E lo hace ser sofridor,
E dolor
Tal que sentir no se conbiene
Sino á buen serbidor.

Sarnés. Otra. *(Folio 168 vuelto.)*

Pues no queredes sentir
D' este mal triste que siento,
Nengun biento
No aya en bos serbir.

Tienpo bi que bos serbía
Con trebaxo trebaxado,
El qual ni era alegrya
Más que otro galaxado (1).
Pero, pues que reçebir

---

(1) Galaxado.—Agasajado.

Beo mi afan, biento (1),
Mi pensamiento
No lo puedo encobrir.

Sarnés. Canción. *(Folio 3 vuelto.)*

No s' enoje quien espera
Su desseo alcançar,
Quien sofrir sabe pasar
Berá su intençion primera.

No se 'ombre tan conplido
Que pueda ser escusado,
Que non se bea perdido
Algún tiempo por su hado.
Mas quien seso et manera
Tiene et sabe catar (2),
En sus hechos traspasar
Berá su intención primera (3).

(1) No comprendemos bien el sentido que en esta poesía
tiene la palabra *biento;* acaso sea en su acepción figurada de
vanidad ú orgullo.
(2) Catar.—Ver, mirar.
(3) En el Cancionero de Estúñiga hay varias poesías de
un Sarnés que creemos sea el mismo de que nosotros nos
ocupamos.

SANTA FFE (Pedro de) (1)

(Folio 41 vuelto.)

La passión por la poca piedat de Maymia

Pues mi triste coraçón
Lazra é siempre desea,
Diga con tribulaçión
Quien con sí mismo guerrea:
Tristis es ánima mea.

---

(1) Aunque no es nuestra intención hacer un trabajo biográfico, la importancia de este poeta nos mueve á dar algunas noticias suyas, extractadas principalmente de lo que acerca de él dice Amador de los Rios.

Pedro de Santa Ffe era escudero y contemporáneo de Alfonso V de Aragón, en cuya corte florece el vate citado. Se cree que fué hijo del famoso converso que defendió la religión en el Concilio de Tortosa. La familia de Santa Ffe alcanza en Aragón igual nombradía que la de D. Pablo Santa María en Castilla. En los tiempos del Monarca Magnánimo viven un obispo, el de Siracusa, D. Pablo Santa Ffe, y su sobrino Hipólito, de quien acaso era padre Pedro, hermano del dicho obispo. Fué nuestro ingenio muy querido de los magnates y del Rey aragonés. Juan de Duenyas habla en sus versos de Santa Ffe como de un poeta sin rival.

Más es muerte que bebir
Tal bida como yo bibo,
Non me querer reçebir
Donde me do' por cativo.
De gran cuyta non me 'squivo
Más de poca devoción,
E por tal pesecución
De mi todo amador crea:
Tristis es (1) *ánima mea.*

Todo hombre quiere amar
En lugar do es amado,
E yo lazro por forcar
Donde me dán poco grado.
Quien pasó por do he pasado
E tiene tal opinión,
Sin esperar redençión
Mi cuytado berso lea:
Tristis es ánima mea.

El quien osa sostener
Tan desesperada pena,

----

(1) Es.—Falta la *t*; del verbo sum. La traducción es, *mi alma está triste.*

En su tiempo espender (1)
Sobrar calidat agena.
Quien hata con tal cadena
En tan esquiva presión,
Prenga (2) por contemplaçión
Quien su danyo non provea:
Tristis es dnima mea.

Arte d' amor excelente
Todo amante se disponga (3),
En que muy bien se adone (4)
A seher obediente.

SANTA FFE (PEDRO). *(Folio 43.)*

EL PODER D' AMOR

Los hombres de amor tocados
Ni hoyen ni sienten ni beyen,
Si saber ó seso proveyen

---

(1) Espender.—Expender, gastar.
(2) Prenga.—De prender, tomar.
(3) Así está escrito, pero bien pudiera ser error de copia
en vez de dispone, consonante con el siguiente *adone*.
(4) Adone, de adonarse.—Conformarse.

Muy poco son escuchados.
Los mas subtiles (1) provados
Aqui pierden sus ciencia,
Quen esta fuerte dolençia,
Todos andan rebatados (2).

Aqui queda muy atada
Toda poderosa lengua,
Aqui es cierto que mengua
Toda sabiesa (3) penssada,
La razón más 'sforçada
Esa quando no cuyda caye (4),
En boca que tal ensaye
Esta regla he hallada.

Amor quan hombre no cata
Allega más que pareçe,
Si por conuerte (5) no falleçe
Tal nudo no se desata.
Breve sin pensar rebata

---

(1) Subtiles.—Sutiles, discretos.
(2) Rebatados, de rebatar.—Arrebatar.
(3) Sabiesa.—Sabiduría.
(4) Caye, del verbo callar.—Guardar silencio.
(5) Conuerte, conorte.—Consuelo.

Bos queres (1) é mimar (2),
Lo que el quiere allegar
Tarde ó nunca s' esbarata.

Qual santo canoniçado
Ffue de tanto perçebido,
Que non aya falleçido
Si d' amor fuy (3) convidado.
Ffuerte ardit bien armado
Que clamor tome conbate,
Enantes que no se acate
Se halla desbaratado.

Caballero birtuoso
No lo bi ó fué bien tarde,
Que d' amor cobarde
Non sea ó paboroso.
Benga el muy más hermoso
Haga quanto fer (4) quisiera,

(1) Queres, por queréis.
(2) Mimar, está aquí empleado en su acepción de entre-
tener.
(3) Fuy dice en el Códice, pero tal vez es una errata,
pues parece referirse al santo. Acaso sea fué.
(4) Fer.—Hacer.

Que despues ha conoçer
Amores abantaioso (1).

Ffin.

Amor alto é poderoso
La cara bos pueda ber,
Que más amo cierto ser
Buestro, que no poderoso.

DISIMULAÇIÓN (2) DE LA DESCONEYENÇA (3)

DE MAYMIA.

SANTA FFE. *(Folio 43 vuelto.)*

Senyora, magüer consiento
E quiero sofrir mi danyo,
Mas pensat por sentimiento
No me 'nganyo.

---

(1) Abantaioso.—Ventajoso.
(2) Disimulaçión. — Disimulo, también templanza y afecto.
(3) Desconeyença.—Desconocimiento.

Senyora, si penedir (1)
A todos bien pareçiese,
Hora es que 'l buen serbir
En ta (2) bos lo defendiese.
Por çelar lo que en bos siento
Ensuenyo que no me 'nsanyo (3),
Más pensat por sentimiento
No me 'nganyo.

Si de mi mal conoçer
Hosase tomar vengança,
Diría que retrayer (4)
Me haze de buestra usança (5)
Pero cubro mi tormento
E so contra my estranyo,
Oias pensant (6) por sentimiento

---

(1) Penedir.—Acaso hacer penitencia, ant. Penedencia.
(2) Ta dice, pero acaso sea *tí*, pronombre.
(3) Ensanyo.—De ensañar.
(4) Retrayer.—Retraer.
(5) Usança.—Uso, servicio.
(6) No hemos podido entender por completo este verso, que está ilegible en el Códice. Acaso *oias* es *oíos*, y como la *i* y la *j* se usaban entonces indistintamente, deba leerse *ojos*. En la palabra *pensant* parece faltar una letra al final, medio tachada. Tal vez sea *pensat*. De todas suertes el sentido del verso no resulta claro.

No me 'nganyo.

Sino que 's fuerte, quitar
La fe de los muy leales,
Quanto por buestras senyas (1)
Yo debría renunciar.
Por no mostrar rompimiento
Sigo los tiempos del anyo,
Más pensant por sentimiento
No me 'nganyo.

DESEO QUE AYA MI SENYORA CONEXENÇA (2)
POR LA PASIÓN, DE LA MIA (3).

SANTA FFE. *(Folio 44.)*

Como yo mi amor, caya
En penas de amar saber,
E guste tal desplazer (4)

---

(1) Senyas está escrito, pero el autor debió escribir
senyales.—Señales.
(2) Conexença.—Conocimiento.
(3) Nosotros comprendemos este epígrafe de la siguiente
manera: Deseo que mi señora se enamore para que se penetre de mi amor.
(4) Desplazer.—Disgustar, desagradar.

Porque me quiera baler
Quando menester lo aya.

Bien se que habrá oydo
Que 'l leal enamorado,
Bibe asaz tribulado
Con deseo muy seguido.
Más quería, que 'l sentido
Qual es el mal que desmaya
Se lo dé á conoçer,
Porque me quiera baler
Quando menester lo aya.

Si mi senyora llagada
Ffuese del mal que m' atierra (1)
Haun que me hiziese guerra
Sería con paz mesclada,
La gentil enamorada
De mi boluntad talaya (2),
Sienta que 's bien querer
Porque me quiera baler
Quando menester lo aya.

(1) Atierra.—Aterrar.
(2) Talaya.—Atalaya, guarda.

Dolor, tristor ni tormento
Non deseyo á mi senyora,
Más que haya (1) qualque ora
De mi afán pensamento.
E tome tal sentimiento,
Que su gran cuyta la traya (2)
A la mía conoçer,
Porque me quiera baler
Quando menester lo haya.

LA DURA PARTIDA DE MAYMIA (3)

SANTA FFE. *(Folio 44 vuelto.)*

Partirme donde parti
Me pesa más que la muerte,

---

(1) Haya, del verbo haber.—Tener.
(2) Traya, del verbo traer.—Traiga.
(3) El leerse en el Cancionero el nombre de Maymia antepuesto al apellido Santa Ffe, dió ocasión á que Pidal y los traductores de Tiknor supusieran un poeta así llamado, error que rebate Amador haciendo notar (y en alguna de las poesías que publicamos de Santa Ffe lo veremos bien claro) que el vate dicho tiene varias de sus composiciones dedicadas á una dama á quien llama Maymia.

Mayor mal ni pesar fuerte
No me puede ya benir.

La boluntat e (1) cativa,
El cuerpo desemparado,
Mi seso desconcertado
Deleyte de mi esquiva.
Amor, mientre quasi (2) biba
Partido por mi bentura,
Conben (3) remembrar tristura
E poco plazer sentir.

El quien dixo que la bida
Perder, fues (4) extremo danyo,
Gustó el mal estranyo
Como yo, de tu partida.
El dolor tan sentida
Pesó en tal partimiento
Sabe dir sin fallimiento
Que es bibiendo morir.

---

(1) E, del verbo haber.—Tener.
(2) Mientras que así.
(3) Conben.—Conviene.
(4) Fues, creemos que sobre la s.—Fué.

En tal punto ma (1) llegado
Amor despues que te beo,
Que deseo haber deseo
E lazro por ser lazrado.
Gesto angelical formado
Si penas d' amar sentiste,
Miembrete (2) del que benciste
Cativo por bien serbir.

SANTA FFE. *(Folio 45 vuelto.)*

Qui bien ama lo que beye (3)
Non se lo piensa beyer,
Temiendo lo de perder
Beyendo non se lo creye.

Pues que me haz (4) sospechar
Amor en buestra presençia,
De los peligros d' absencia (5)

(1) Ma.—Me ha.
(2) Membrar.—Acordarse.
(3) Beye, verbo ver.
(4) Haz, verbo hacer.
(5) D' absencia.—De ausencia. Preferimos anotar estas
palabras á trasladarlas de una manera distinta á como están
en el Códice, ó sea deshaciendo la crasis.

¿Quién se puede asegurar?
Amor me haze belar
E por sobras de leal,
Toma por cierto el mal
E su bien siempre descreye.

Creyer é despues dubdar,
Triste em pronto plaziente,
Sano, súbito doliente,
Morir é resucitar.
Estos tumbos me haz dar
Absençia cruel mortal,
E por purga cordial
Salmo de muertos me leye.

Lo que me haz consolar
En mi dolor é tristeza,
De buestra parte, firmeza,
De mi, fe sin recelar.
E pues se quieren mesclar
Absencia (1) presencia bal (2)
Al corazón que deseye.

(1) Entre estas dos palabras parece faltar la conj. y, ó é.
(2) Bal, contracción.—Valer, poder.

SANTA FFE. OTRA. *(Folio 45 vuelto.)*

Senyora, hablar querria
Más e miedo de errar,
Esso mesmo, el callar
Si mi mal no bos dezía
 Matar mía (1).

Forçada soy de maldezir
Mi esperança ya d'oy más,
Pues m'a traydo d'oy en cras (2)
Te enmendarás.
Hhasta que ma hecha (3) bebir
Ya aborrida de bebir
Cuytada, ¿dónde hallaré
Quien fia mi defendedor?
La mi bondat, la mi honor

---

(1) *Matar mía.* No comprendemos bien esto. Acaso su
sentido sea *me mataría.*

(2) *Cras,* adv.—Mañana.

(3) *Ma hecha.*—*Ma* por *me.* Tan intrincado es el sentido
de esta estrofa, que no hemos podido comprender la verdadera acepción de la palabra *hecha.* Acaso sea del verbo hacer;
tal vez quiera decir *fecha;* pero nosotros nos inclinamos á
creer que es del verbo *echar.*

Si los beré,
Car bienen me miedo é temor
E me dizen que yo morré (1).

Extra (2) bo (3) no se porqué
Alongada (4) de mi honor,
Bestida duna desfavor
Mucho peor
Que nunca hobe ni habré,
Mesquina quien m' abra merçé
Ne quis querrá de mi doler (5),
Que crueldat tan desegual,
Beyer que sufra tanto mal
Sin mereçer,
Digoos que seso poco bal
A tanta pena sostener.

Donde falleçe el querer
Tanbién fallecerá lo al (6),

(1) Morré.—Moriré.
(2) Extra.—Fuera.
(3) Bo.—Voy.
(4) Alongada.—Lejana.
(5) Doler.—Dolerse, compadecerse.
(6) Lo al.—Lo otro.

Más yo no digo qui ni qual
Pues no me (1) .....nal.
Que bien me puede entender
Qui más ha, más puede, quiere haber,
E más olvido lo passado,
Esto me haz desesperar
Que el qui m'a de emparar
Sea mudado,
Más yo nunqua quiero mudar
Lo que por mí es començado.

TORNADA.

Mi bien, beo olvidado
E siento mayor pesar,
Quando le beo otra amar
Por qui ma desemparado (2).

---

(1) Nal.—Falta el principio de la palabra.

(2) Creemos que esta poesía tan defectuosa debió ser malísimamente copiada, pues que Santa Fíe es buen versificador, y aunque no de una dicción sin tacha, de algo más que la que representan estos versos. Por estas y otras erratas incalificables que ostenta el Cancionero, se conoce que el que lo copió no era persona muy instruida.

SANTA FFE. COPLA ESPARÇA. *(Folio 100.)*

Al cativo que se sffuerça
En pobreça mal pecado,
La ffaç lieva (1) de berguença
En el pedir trabayado.
Más el franco ensenyado
Con el gesto de bien dar,
Debe hazer olvidar
El demandar al cuytado.

SANTA FFE. CANCIÓN SUYA (2). *(Folio 116 v.º)*

Si al falso amador
Le das gualardon d' amigo,
Más bale ser enemigo ·
Que por bien serbir dolor.

Si en tu no ó en tu ssi

---

(1) Lieva.—Llevar.
(2) Antes de esta poesía hay en el Códice una llamada
que dice: «Aquí comiençan las obras de Santa Ffe;» cosa
inexacta, pues anteriores á la presente hay varias composiciones del mismo poeta.

No puedo segurar tabla,
Dime sobre cual parabla
Me puedo fundar en tí.
Reçelarme hasta qui
Siempre pabor é (1) sospecho,
No quiero seguir tal hecho
Nin ser del lobo pastor.

A mí piensas guerrear
E cuentra (2) tí es la guerra,
Quando berdat se destierra
Sse non se quiere poblar.
Car amor debes pensar
Magüer que m'eres estranyo,
Mio es cierto el danyo
E tuya la desonor.

Muestrame pueda bebir
O buen cristiano ó moro,
E sepa á quien adoro

---

(1) Creemos que la e es en este caso la conj. y, en cuyo caso sospecho sería una contracción de sospechoso, á no ser que se emplee por sospecha.

(2) Cuentra.—Contra.

Da (1) quien debo serbir.
Hhazme una ley seguir
O bien caliente ó frío,
Sino más bale ser mío
Que no tuyo con error.

OTRA SUYA. (*Folio 116 vuelto.)*

En la cort damor puyé (2),
E puyando é caydo
Cay como de perdido,
Perdiendo seso cobré.

Cobrando quise m' alçar (3)
Alçome el su semielo (4),
Senye (5), más canssé mi buelo,
Dolé (6) sin res (7) alcançar,

---

(1) Da.—Creemos que debe ser *é a.*
(2) Puyé, puyar.—Subir en alto.
(3) M' alçar.—Me alzar.
(4) Semielo; así está escrito, pero acaso sea *semielo*, de *senye, seny.*—Juicio.
(5) Senye.—Juicio. Parece que se refiere á volar ó subir.
(6) Dolé.—Padecí.
(7) Res.—Nada.

Alcançé assaz pessar,
Pené lo que non sentí,
Non sintiendo yo caí,
Cayendo me desperté.

Desperté por comedir (1)
E comidiendo pensaba,
Que la mi pena desaba
Más el belar fué dormir.
Dormiendo fué á sentir,
E sintiendo presumí
Que mi sentido fallí,
E fallido m' abisé.

Abiso (2) qualquier juez
Jutge si passo la raya,
Mal rayo cruel me caya (3)
Si yo cayo otra vez.
Que bezado (4) muy rafér (5)
Seria, que si bien bí,

_____

(1) Comedir.—Pensar, premeditar.
(2) Parece faltar entre estas palabras la prep. *á*.
(3) Caya.—Caiga.
(4) Bezado —Avezado, experimentado.
(5) Rafér; así dice; pero es *rafés.*—Bajo, vil.

Berdor (1) don repentí (2)
A repentir me torné.

SANTA FFE. OTRA. *(Folio 117.)*

Amor, si bibo dudoso
En dir bos mi boluntat,
Cierto, creet y pensat,
Senyora, porque non oso.

Si dequiera amigo
Solo me debo cobrir,
Amor, debes sentir
Que tribulaçiones sigo.
Por ende si res no digo,
Es abundançia damar
Mi retraer et callar,
Senyora, porque non oso.

El hablar bien y me plazería (3)

---

(1) Berdor; debe estar empleado figuradamente por fuerza.—Vigor.
(2) Repentí.—Arrepentirse.
(3) Este verso resulta largo y prosáico. Acaso el autor
escribió: hablar bien me plazería.

Por el si ó no saber,
Más ¿quién osa atender
El cruel no si benía?
En esta contrabessía (1)
Bibo porque so leal,
E non pregono mi mal,
Senyora, porque non oso.

Pero si bien no sabredes,
Por la boca, mi dolor,
En mi gesto et color
Muy claro lo conoceedes.
Por sentimiento podredes
Reconoçer que so' buestro,
E si bien no bos lo muestro,
Senyora porque no oso.

OTRA SUYA. *(Folio* 117 *vuelto.)*

Dezir mi mal me conbiene
Según bos amo degrado,
Más freno de namorado

___

(1) Contrabessía.—Controversia.

Pues temor me retiene.

Si la mi passion osasse
Mi gran cuyta declarar,
Ora es que 'l callar
E la berguenza quitasse.
E pensat que lo callado
De poco sentir no biene,
Más freno (1) de namorado
Pues temor me retiene.

A mi conbiene (2) que conssienta
Como ninyo (3) en el pedir,
Y en las cuytas et sofrir
Ser onbre de años treynta.
Según bibo trabajado
No cumple que me refrene,
Más freno de namorado
Pues temor me retiene.

---

(1) Freno.—Refrenar, enfrenar, refrenar sus pasiones.
(2) El verso resulta largo. Indudablemente el autor escribió *conbiene* contraido, *conbien.*
(3) Ninyo.—Niño.

En demandar, al comienço
Me hallo siempre, amor,
E antigo serbidor
Con dolor por en (1) non bienço (2).
Non pensseis por ser culpado
Que la mi lengua refrene,
Más freno de namorado (3),
Pues temor me retiene.

SANTA FFE. *(Folio 118.)*

POR DOÑA LEONOR DE CASTRO

En muy blando pareçer
Si bien contra me diría
Pareçe que me balía,
¿Cómo es esto de creer?

Testo d'onestat bestido
Por bien que la cosa bea

---

(1) En, por ende, ello, tanto.
(2) Bienço.—Vencer.
(3) Falta este verso en el Códice, pero creemos que sería
un olvido su omisión, pues que consta en las restantes estrofas de la poesía.

Ensenya sentir, dessea
Lo que ya tiene sentido.
Ninguno
Que por donde se debía
Tiene birtud de bençer
¿Cómo es esto de creer?

Por.bien quella mucho sienta
E desear mucho dexa,
Con abidar (1) se quexa
Bale et non se contenta
Por aquelo que s'absenta
E que negar se querría,
Eso le haze baler,
¿Cómo es esto de creer?

Non finge cosa por manya,
Ya res d' otra non desee,
Suyo es lo que possee
No común más muy estranya.
E á mi quando s'ensanya,
Si dulce malenconía (2)

(1) Abidar, anticuado.—Ansiar.
(2) Malenconía.—Melancolía.

Muestra donayre traer,
¿Cómo es esto de creer?

OTRA SUYA. *(Folio* 118 *vuelto.)*

Joventut, graçia et calor,
D'amor mis mantenedores,
Oy son por mi corredores
Begez (1) desdou (2), et tristor.

Por bien que hable limado
Pues mançebeç (3) me falleçe,
Res de mi non le pareçe,
Sano, más todo rasgado.
Non me cuenta lo passado
E lo presente m'esquiba,
¡Ay suenyo, bida catiba,
Y el despertar dolor!

Por bien que se praticcar (4),

---

(1) Begez.—Vejez.
(2) Desdou.—Despliega. Tal vez sea desdén.
(3) Mançebeç.—Amancebamiento.
(4) Praticcar, debe ser platiccar.—Hablar, conversar.

Despues que so' biejo flaco
Me diçe, tornat al saco
Buestras nuebas, et hablar.
Por quien me quise olbidar
En perder cosa tan cara,
Bien muestra si ni desanpara (1)
A (2) del gualardón pavor.

Más, si ni (3) sso' (4) enbegeçido
No por abançada edat,
Más falta de piedat
E d'amor non ser creydo.
Yo por causa del olvido
E poco sentir d' *Aymia* (5)
Lo que baler me debría

---

(1) Este verso es largo. Acaso sobra la sílaba *ni*.
(2) A.—Tal vez del verbo haber.
(3) Ni dice, pero pudiera ser mí.—Yo.
(4) Sso'—Soy.
(5) Aymia. Este verso corrobora plenamente la afirma-
ción de Amador, y el error de Pidal y Tiknor, al suponer
un segundo poeta Maymia Santa Fé. Aymia es la mujer á
quien este poeta rinde amoroso culto, y como se ve, se
queja amargamente de la inconsecuencia y desdenes de ella.
Por la falta de ortografía del Cancionero no sabemos si la
palabra Aymia es breve ó larga. En esta poesía parece cargar
el acento en la última sílaba.

Mes por ella desfabor.

Por su beldat que amé
Diese á mi en contumaçia (1),
E por contemplar su graçia
La de mi desemparé.
Amor anssi me perdré,
E bos tan dura seredes,
E ssi á mí non baledes
Balet á tal serbidor.

SANTA FFE. *(Folio* 119 *vuelto.)*

POR SANCHA DE LUBIAN.

Si me sso' á bos rendido
Non pienso que es error,
Siempre quedo bençedor
Ser de tal lugar bençido.
Quien de vos es combatido
Non puedo (2) ser defesso (3),

---

(1) Contumaçia.—Obstinacion.
(2) Puedo, por puede.
(3) Defesso.—Prohibido, vedado. Pero en este caso nos
parece que es contracción de *defendido*.

Pues antes se halla preso
Senyora, que perçebido.

Qui (1) se puede abisar
Do (2) no caer do le plaçe,
A tan poderosa haze
Buen senyal es de me dar.
Non me quiero escusar,
De beldat me haz mober,
E buestra graçia traer
Y el sentido firmar.

Blanda lengua castellana
Que por guerra que la haga,
Tan dulcemente me llaga (3),
Mata et mi opinion que sana;
Non hará carrera bana
Quien á bos ame, sepades
Que si mercet denegades,
El gentil desseo gana.

---

(1) Qui.—Quien.
(2) Do dice, pero debe ser *de*.
(3) Llaga.—Herir, llagar.

Ffin.

Nin ya esquiba humana
Pues mi boluntat mirades,
Pensat si me desdenyades
Soys contra bos hufana.

SANTA FFE. *(Folio 120.)*

POR ISABEL DE FOXÁ.

Gracia, sentir é beldat,
Tarde en paç se hallaron
En una, nin corcodaron (1),
Mas en bos an ermandat.
Beldat que mucho delecta,
Gracias quel querer atrae,
E sentimiento que trahe
Assi la razón perfecta.

Gran panes (2) que las defienda

----

(1) Corcodaron.—Concordaron.
(2) Panes.—No entendemos esta palabra. Acaso en sentido figurado pueda tener sentido. Panes son los sátiros y faunos.

Tienen en bos las sentidas,
Si en algo son fallidas
So es por ellas ymienda.
Tantos bienes poseedes
Que do no reyna follía (1)
Cunple buestra conpanía,
Bos por bos sola baledes.

Tenplo do pocos cristianos
Con gran deboción adoran,
Pero sospirando lloran
Porque lo pisan paganos.
Debota gentil figura
Donde contenpla razón,
A groseros confusión
Ellos de bos sepultura.

Ffin.

Si qual que (2) dama rancura (3)
Porque bos do' el perdón,

---

(1) Follía.—Locura.
(2) Qual que.—Cualquiera.
(3) Rancura.—Rencor.

Senyora, prestat perdón
Pues la perdona cordura.

Santa Ffe. *(Folio 120 vuelto.)*

El mal escoger.

Quien fortuna humana quiso
Dexar por forma del bruto,
E la centina (1) del Pluto (2)
Lexar (3) por el Parayso.
Quien erró en tal camino
Non fué su guía Diana,
Mas Proserpina muy bana
Le hizo perder el tino.

Quien con si et sobre si
Y en ssi bebir solía,
Bien fué raptafantasía (4)

---

(1) Centina, sentina.—Cloaca.
(2) Pluto.—Plutón. Está en el sentido de infierno.
(3) Lexar, leixar.—Dejar.
(4) Creemos que esta palabra compuesta querrá decir de imaginación arrobada, tomando el vocablo rapto en sentido figurado.

Ser ius (1) si fuera de ssí.
Quien cuentra su conçiençia
Juga á pares non pares,
Sus conclusiones azares
Debe ser por sentençia.

SANTA FFE. OTRA. *(Folio 120 vuelto.)*

Senyora, si mi mal catas (2)
Nin que puedes nin que debes,
Si serán mis dias breves,
Pues conssientes, tú me matas.

Buen amor si me matasses
Por tu plazer et bengança,
Pues que tomases holganza
Mi bida non perdonasses.
Más senyora, que danyases
E my danyo non sentir,
Doble muerte m' es morir
Pues desdanyando me matas.

(1) Ius.—Juez.
(2) Catas, catar.—Ver, mirar.

Si tú me fueses amiga
Mayor plazer no querría,
O del todo enemiga
Asaz d' onor me sería.
Lo peor que me desbía
Non eres una ni al (1),
E senyora desigual
Sin pensar matar, me matas.

Si del ta (2) pena yo huyo
Non so' cobarde baldío,
Pues non muero como mío
Ni ya muy menos por tuyo.
No se por quien me destruyo
Yo, con tan biba dolor,
E tu duermes, ¡ay amor!
Piensa porque et (3) que matas

---

(1) Al, de aliud.—Otra.
(2) Del ta.—Debe ser equivocación por *desta, de esta*.
(3) Et, conj. y.

SANTA FFE. *(Folio 121.)*

POR AQUEL QUE PERDIÓ SU DAMA É. LA QUIERE
RECOBRAR.

Senyora, tu presonero,
So' por lo que en ti beo,
Tu condiçión, según creo,
Más adversario guerrero.

Donayre et hermosura
De tu parte m'an mobido,
Más razón ó buen sentido
Bien claro non mesura.
Se que me biene costero (1)
Seguir con quien yo guerreo,
Más el plazer que oteo (2)
M'es familiar et sobrero (3).

Como sospechoso, bengo

---

(1) Costero, fig. inclinación, propensión.
(2) Oteo, otear.—Escudriñar, registrar.
(3) Sobrero.—Sobrar, vencer, superar

Amor en el tu poder,
Más al tu buen parecer
Un punto non me retengo.
Senyora, muestra sendero,
Pues que mi pasion te leo,
Sea en tu mi desseo
Non partido más entero.

De bien serbir et d' amar
Dame amor un oƒiçio,
Non d' una parte serbiçio
E por otra sospechar.
A ti ofrecerme quiero
E no me plaze res feo,
Todo tuyo ser desseo
Sin senyor, sin conpanyero.

Mientre (1) que non puedo aber
Amor, mi gloria conplida,
Sea la graçia partida
E mi plazer recoxer.
Senyora, pues te requiero

_____

(1) Mientre.—Mientras.

Si pienssas que mucho enpleo,
A mi calidat probeo
Y amo ques refertero (1).

SANTA FFE. *(Folio 122.)*

A LA BIRTUOSA REYNA DONA MARÍA.

Sabia, onesta Diana
Reyna de birtut enxemplo,
De fama muy claro tenplo,
Más divina que umana.
Arca d'onor, no bentana,
Calma de ayre sereno,
Bridas et seguro freno
De toda passión mundana.

Senyora muy entricada (2)
Non mostrándose sentida,
Humil (3) por todos querida
E de los pocos loada.

----

(1) Refertero, refertar.—Contradecir, repugnar.
(2) Entricada, entricar.—Intrincar.
(3) Humil.—Humilde.

Balança justificada,
Común bulgar á los chicos,
E con los grandes é ricos
Bien, senyora, demostrada (1).

SANTA FFE. *(Folio 122.)*

REMEDIO Á LA REYNA D'ARAGÓN POR L'ABSENCIA
DEL REY.

Alta Reyna, porque beo
Que soys tan absentada
Del buen Rey, con gran desseo
En pensamiento ajenada (2).
Medecina muy probada
Bos daré bien prestamente,
Que seyendo obediente
Seredes breve curada.

El dessear con turmento
E quejossa tribulança,

_____

(1) Amador cita esta poesía y trascribe sus cuatro primeros versos.
(2) Ajenada, de agenar.—Ensjenar.

Yo bos do' por regimiento (1)
La talaya d'esperança.
E tomando segurança
Desdagora holgaredes (2)
Al gentil Rey, quan (3) beredes
En gran bien aventurança.

Si con el amor estranyo
Pensaredes por bentura,
El Rey non reciba danyo
En esta fuerte angostura.
Una conserba (4) muy pura
Piense quien honesto ama,
Más consuela despues fama
Que bien que aquí más dura.

Porque á veces interpreta
La inclinación umana,
Si bien que soys discreta
E del Rey abredes gana.

---

(1) Regimiento.—Régimen, norma de conducta.
(2) Holgaredes.—Holgar, reposar.
(3) Quan.—Cuando.
(4) Conserba.—Conservar, mantener.

Quando muy blando cometa
La fubril (1) concupiçencia,
Sea freno continençia
Por muy segura dieta.

¿Por estar el Rey de fuera
Y assi tan absentado,
Pensades qu'amor muera
Como absente canssado?
La ffe del Rey bien criado
E lealtança constante,
Serán propios (2) restaurante (3)
En buestro piensso (4) afamado.

Quan buestro seso conçiba
Pensando todo contrario,
Qual que llaga non reçiba
El Rey, ardit boluntario.
Yo bos do' por letuario (5)

---

(1) Fubril.—Febril.
(2) La concordancia con *restaurante* parece indicar que *propios* debiera ser singular.
(3) Restaurante.—Restaurar.
(4) Piensso.—Pensamiento.
(5) Letuario, ant. Electuario. Especie de bocadillo que se solía tomar por la mañana antes del aguardiente.

Hhecho, senyal de memoria,
Es afeite de la gloria
E glorioso bestuario.

Ffin.

Mi consolaçio (1) notoria
Guardat en secret armario,
Y en lugar do tristoria (2)
Sea leher ordinario,

SANTA FFE. *(Folio 123.)*

DE LA DESIGUALDAT QUE FFAVOR TRAE.

Poys (3) por favor cierto sey (4)
A todo home ó mellor (5),
Por tanto, heu (6) crida (7) rey
¡Ay favor! ¡ay deusfavor!

(1) Consolaçio.—Consuelo.
(2) Do tristoria.—De otra historia.
(3) Poys.—Pues.
(4) Sey.—Soy.
(5) Mellor.—Mejor.
(6) Heu.—Si queréis.
(7) Crida, cridar.—Gritar, dar voces.

Beyo un home entendido,
Sabio, de bon sentimiento,
E soi non e (1) saborido
(2) A muy poco conbacamiento (3).
E pois tal conoçimiento
Ya maten favor por ley,
Por tanto, heu crida Rey
¡Ay favor! ¡ay deus favor! (4)

Cato otro necio ludo (5)
Si favor por feu (6) l' opriso (7),
Todos o (8) dan por enbiso (9)
E dizen ques muy sesudo.
Quien favor ten por escudo
Tiene en mundo tene heu Rey,

---

(1) E, verbo ser, falta la s.
(2) A, verbo haber.—Tener.
(3) Conbacamiento.—Convicción. Creemos que está empleado en el sentido de juicio, mesura.
(4) Así está escrita tal palabra. *Deus* parece la palabra latina Dios. Acaso sea la invocación primera repetida... ¡Ay Dios, favor!
(5) Ludo, ludir.—Entregar.
(6) Feu.—Haga, verbo hacer.
(7) Lopriso, l' opriso.—Oprimir.
(8) O, debe ser el artículo *lo*.
(9) Enbiso.—Avisado, listo.

Por tanto heu crida Rey
¡Ay favor! ¡ay deus favor!

Quando ben abia fora (1)
De quien sabo (2) dá sosprito (3),
Non cessa quien no adora
O quien maldiz e bendito.
Donde en (4) repito
Reberencia le darey,
Por tanto, heu crida Rey
¡Ay favor! ¡ay deus favor!

SANTA FFE *(Folio 123.)*

ESTANDO LEJOS DE SU DAMA.

Cerca mi gloria que beo
Quando plazer me solía,
Ffue muy loca fantasía
Donde ciertamente creo:

---

(1) Fora.—Fuera.
(2) Sabo, sat.—Sé.
(3) Sosprito, acaso de sospirar, contr.
(4) En, debe faltar el *de, ende.*—Ello, por ello, por tanto.

Quanto más aquí profundo
Regnum meum non est de och mundo (1).

¿Do fué mi sentir cuytado?
Al deleyte plaçentero,
Ya se halla presonero
E mi sentido canssado.
Este lugar reposado
Me haç creer sin dudança,
Mucha sentiré mudança
Que 'l passado debaneo,
Quanto más aquí profundo
Regnum meum non est de och mundo.

En muchas partes mis ojos
A dar plazer me levaron (2),
E muy çedo (3) m'a partaron
Repentidos con enojos.
Destos mobidos antojos
Tu muy paradiso puro,
Me hazes dezir seguro

----

(1) Mi reino no es de este (och; hic, haec, hoc) mundo.
(2) Levaron.—Llevar.
(3) Çedo.—Luego.

Del restante que oteho. (1),
Quanto más aquí profundo
Regnum meum non est de och mundo.

An (2) partidos muy turbados
Ffueron asaz mis sentidos,
Más estaban muy mobidos
Sospechosos talayados.
Aqui serán reposados
Pues que birtut los defienda,
E bebirán sin contienda
Que lo al (3) muy bil et feo,
Quanto mas aqui profundo
Regnum meum non est de och mundo.

SANTA FFE *(Folio 124.)*

LOHORES (4) DE LA VIRGEN MARÍA.

De mi lengua despoblada
Clara estrela Diana,

---

(1) Oteho, otear.—Escudriñar, registrar.
(2) An.—En.
(3) Lo al.—Lo otro.
(4) Entre estas dos palabras aparece en el Códice borrado
el vocablo *extremas.*

Cibeles biba fontana
Que'speras ser loada.

Como fué ser abismo
Ffue de Dios templo et cielo,
Qual saber non será puro,
En tan alto silogismo.
Por turbado de mi mismo
En razón tan profundada,
Minerba santificada
Que'speras ser loada.

Como de Dios madre y filla (1),
Como Vírgen co'montera,
Tomo emprentar (2) la çera
Sin ronper ¡ó maravilla!
De mi discreción senzilla
En question tan admirada,
Tu Neptuno exalçada (3)
Que'speras ser loada.

_____

(1) Filla.—Hija. Parece la palabra latina _filia._
(2) Emprentar, antic.—Imprimir, fig. gravar en el espíritu, fijar.
(3) Exalçada.—Ensalzada.

A tu sangre, magüer pura
La birtut muy infinida,
Como quiso ser ubida
E de hazedor factura.
En esta (1) balle segura
De mi eyaença (2) errada,
Tu, luna, mucho menguada
Que'speras ser loada.

Como en mi es ser tanto
D'aquesto me maravillo,
Priso carne solo el fillo (3)
Non padre espíritu santo.
De ius (4) tu glorioso manto
Do fue la piedra fundada,
Anno (5) por nos advocada
Que'speras ser loada.

---

(1) Esta por este.
(2) Eyaença.—Redención, redimir.
(3) Fillo.—Hijo, por fillio.
(4) Ius, debe ser un latinismo, por juez.
(5) Anno, acaso año; pero bien pudiera la primera n estar equivocada y ser una g, en cuyo caso diría agno, cordero. Pero esto no pasa de hipótesis y no lo damos como cierto.

Como el limo (1) humano
Por el primero pecado
Quedó todo maculado (2),
Y el tuyo puro et sano.
En orden tan sobirano
De mi andançia (3) turbada,
Tu Pallas illuminada
Que'speras ser loada.

Hobeya (4) ó pastora,
O llanura ó montanya,
O castillo ó cabanya,
Dançilla (5) ó senyora.
Mi feliçidad t'adora
Que de loor propiada (6),
Tu trasmuntana (7) formada
Que'speras ser loada.

---

(1) Limo.—Creemos que se emplea este verso en el sentido de género, y tal vez de espíritu.
(2) Maculado.—Macular, manchar.
(3) Andançia dice, pero bien pudiera ser *audacia*.
(4) Hobeya.—Oveja.
(5) Dançilla.—Doncella.
(6) Propiada.—Propia, merecedora.
(7) Trasmuntana.—Tras de los montes, de al otro lado de los montes, fig. norte, brújula.

Aurora clara del día,
Aura de dulce serena,
Mi poco saber me'spena
Según loarte quería.
Dulce suave María,
Poste de la fe salbada,
De mi discreçión atada
Que'speras ser loada.

O ysopo (1) ó colona (2),
Crido (3) d'Apolo eterno,
Si tu loar bien no cierno
Segunt madre me perdona,
Tanto de ti se razona
Culumba (4) deyficada,
Que de mi labaia (5) bulgada (6)
Que'speras ser loada (7).

---

(1) Ysopo.—Hisopo.
(2) Colona, fem.—Colono, ant.
(3) Crido.—Grito.
(4) Culumba.—Paloma, lat.
(5) Debe estar empleada esta palabra en sentido de labio y en su acepción figurada palabra.
(6) Bulgada.—Vulgada, vulgar.
(7) Recuérdese lo que en el Prólogo dijimos acerca la impiedad de las composiciones cortesanas. La poesía que

SANTA FFE. *(Folio 125.)*

LOOR DEL SERENÍSIMO REY ALFONSO.

Tarde bide los reales
Que su tienpo se hallassen,
Y en bienes abundassen
Que fuessen quitos de males.
Más en bos haç et senyales
Ya sin más ber bos alaban,
E los hechos que lo acaban
Como bos pocos de tales.

Ardit franco et donoso,
Liberal et plazentero,
Bien senyor et conpanyero,
Bravo é muy humildoso.
Blanco et asaç ergulloso,
El gesto muy desatado,
Ffirme quedo é atentado,
Mansso et do cumple danyoso.

---

trascrita queda, peca algo de atrevida é irreverente en la
forma, y sin embargo no se negará que su fondo es fervoroso.

Quito de toda maliçia
En grandezas perçebido,
Al conseyo entendido,
Igual en toda justiçia.
Escusador d'avariçia,
Enemigo del avaro,
Llano, manifiesto é claro,
Non basallo de codiçia.

El muy noble sentimiento
Se muestra en quant obrades,
Más que'l dezir que tomades
El obrar por fundamento.
La berdat, senyor, no miento
Quoy (1) no se halla pariente,
Dize de bos solamente
Quiere tomar quitamiento (2).

Ffin.

Alto Rey, é tal, equiento (3)

(1) Quoy.—Que hoy.
(2) Quitamiento.—Saldo.
(3) Equiento, e quiento. La e de esta palabra es supér-

En maravellas exçellente,
De mi loança siguiente
La boluntat bos presiento.

SANTA FFE. *(Folio 125 vuelto.)*

LOHOR DEL REY ALFONSO EN EL BIAJE DE NÁPOLS.

Los que balen contemplat
Buestro tal Rey et senyor,
Qui' bien siente su bondat
No es al mundo senyor.

¿Qual Rey fué de tal sazón
Que tan jóven se hallase,
Y edat non lo tirase
A plazer et delecçión?
Nuestro Rey su intençión
Bersa en estrecha bida,

---

tua; abuso muy usado entonces. Quiere decir *é quinto*, y se refiere á la cifra que en el orden cronológico correspondía al Rey Alfonso, quinto de los Monarcas aragoneses de este nombre.

Juegos et biçios olvida
Por seher conquistador.

Non haç tal començamiento
Por sola naturaleza,
Más su propia nobleza
Mesclada con sentimiento (1).
A tal Rey su par non siento
En el mundo començando,
Piensa et ba trabayando
Como sea bençedor.

Lo que tal Rey siente et sabe
No es por esperiençia,
Más pura magnifiçencia
Quen pocos como el cabe.
Bien mereçe que s'alabe
Un Rey que biltat (2) esquiba,
E su boluntat catiba
Amando siempre honor.

(1) Como se ve, en la oración encerrada en los dos últi-
mos versos de esta estrofa falta el verbo. Proponiéndonos
no alterar en lo más mínimo el texto original, nos abste-
nemos de hacer conjeturas sobre este punto.
(2) Biltat, beldat.

Este Rey ansi loado
Es sabio é muy agudo,
De los bencidos escudos
Gentil, bueno et adonado (1).
Común (2) singular hallado
Bisto, et no conoçido,
Ffirme de razón, bençido
Lleno de toda balor.

Pues gent' da razón bastante
Que hacer armas queredes
Por buestro Rey, non perdredes,
Passar las manos abante.
Buestro príncipe cosante (3)
Miedo temor rehuse,
Yo non sse quien bien s'escusse
Que non muestre grant pavor (4).

---

(1) Adonado, adonar, p. p.—Colmar de honra ó favor á alguien. También pudiera estar en el sentido de donoso.
(2) Común.—Como un.
(3) Cosante, debe faltar una letra y acaso sea *coslante*. Cosante, que nosotros sepamos, era una composición característica y muy usada por Hurtado de Mendoza.
(4) Como puede apreciarse, esta poesía es un acabado retrato de Alfonso V de Aragón, retrato que conviene con el sobrenombre de Magnánimo con que la historia denomina al citado Monarca.

SANTA FFE. *(Folio 126 vuelto.)*

COMIAT (1) ENTRE 'L REY É LA REYNA EN EL BIAJE
DE NÁPOLS.

Mi senyor,
Mi Rey, mi salut et mi bida,
Piensso en buestra partida
Con pavor.

EL REY.

De mucha tribulaçión,
Reyna, se que soys triste,
Más que parta y conquiste
Mandan seso et razón.
En mesón,
En çiudat ni en lugar
Ssanía, non puede sonar (2)
Mi honor.

---

(1) Comiat.—Despedida.
(2) Sonar dice, pero debe ser error de copia, por sanar.

La Reyna.

Senyor, bien se desdezir
Me haredes en berdat,
Más quitar mi boluntat
Non puedo, de comedir.
Si morir
Más el solo pensamiento,
¿Qual será el partimiento
Con dolor?

El Rey.

Reyna, bien se, desplazer (1)
Abredes é gran tristura,
Más pensar es gran locura
Dejar onrra por plazer.
Quan beher
Me beades bictorioso,
Será en mayor reposo
La tristor.

---

(1) Desplazer.—Pena

La Reyna.

Ssenyor Rey, no ma consola
Comidiendo aquel día,
De tan noble conpanya
Un punto halarme (1) sola.
Babola
Mi corazón s'escadena (2),
Más ¿en que muerte mi pena
E rencor (3)?

El Rey.

Reyna, conteçe á tarde
En casa hazer gran hecho,
Aguardar siempre en provecho
Obra es d'ombre cobarde.
Si arde
Buestro piensso (4) con tristeza,

(1) Halarme.—Hallar.
(2) Escadena.—Desencadenarse, fig. arrebatarse.
(3) Esta estrofa resulta falta de sentido; acaso el *e* sea el verbo haber.
(4) Piensso.—Pensamiento.

Maginat quien (1) la riqueza
Es balor.

La Reyna.

Senyor, ¿que bos oyré
Que res no me biene bien?
¿Qual será aquel ó quien
Conqui me conssolaré?
¿Que haré
Donde conssolaçion sienta?
Gran deseio me turmenta
Y amor.

El Rey.

Adios, que palabra forte
Reyna triste, mientre sena,
Más por cobrar fama buena
Menosprecia ombre morte.
Conorte
Tenet y firme 'sperança,

---

(1) Quien dice, pero parece referirse á la riqueza, en cuyo caso sería que.

Que tornaré sin dubdança
Bençedor.

LA REYNA.

Fuertemente me pareçe
En decir bos..... Dios bos guie,
Más non cumple que porfie,
Al caso non perteneçe.
Endreça (1)
Dios et bos haga segundo
Alexandre, en el mundo
En balor (2).

SANTA FFE. *(Folio 127 vuelto.)*

LOHOR AL REY ALFONSO EN LA RECEPCIÓN DE NÁPOLS.

Rey Alfonso esmerado
Non dubdado

---

(1) Endreça.—Enderezar.
(2) Este diálogo fué publicado por Amador de los Rios, en su *Historia crítica de la literatura española*, t. VII, p. 459.

En nobleza sostener,
Con birtut más que poder
Enprender
Cual Rey fué tan acabado.
Hordenado
Ffue por Dios benir aquí,
Pues anssi
Bos ha el pueblo adorado.

En este noble regnado
Demandado
Non fué Rey con tanto amor,
El chico hasta 'l mayor,
Con ardor,
An buestras manos besado.
Trabayado
Tu buscar Rey con andançia,
E por gracia
Otro tal lo an cobrado.

El gran Cipion triado (1),
Alongado

(1) Triado.—Apartado, escogido.

De biçio et de beldat,
No á (1) con tanta beldat,
Humildat,
El bien común defensado.
El popular tribulado
E ma (2) dama en fortuna,
De laguna
Los abredes delibrado.

Mucho bos es obligado
E ligado
Este pueblo con razón,
Quan muyer revoy (3) naçión,
En tal sazón
Queredes aber leyado (4).
Rey como bos 'eredado
Non dubda regno 'strangero,
Caballero
Podedes ser llamado.

(1) A, verbo haber.
(2) Ma, pron. mí.
(3) Revoy, debe estar por revolt.—Revuelto.
(4) Leyado, lejar.—Descuidar.

Pues ansi ses (1) entregado
El poblado
D'estas partes, sin pensar,
Debedes abrebiar
Reçuçitar
Sin cuerpo medio finado.
Despues visitat de grado
Las probincias de Signolo
Donde solo
Libredes aconpanyado.

Ffin.

El peso glorificado
De buen grado
Ordene de su gran polo,
Más que Apolo
Bos de saber acabado (2).

---

(1) Ses. Debe faltar una *t; si es.*
(2) Amador, al estudiar la época que nos ocupa, cita esta poesía, de la que sólo publica el primer verso.

Santa Ffe. *(Folio* 128 *vuelto.)*

Loor al Rey, en la trayción hhecha por la
Reyna napoletana.

Quien osa muerte sentir
No es Rey su propio nombre,
Más caballero y hombre
Que muere por bien bebir.
Quien dize de bos, lo digo
Sin dementir (1) no a gana,
La puerta de Capuana (2)
Será desto buen testigo.

Allí non 'serbastes ley
De senyor, más de guerrero,
Trocastes por companyero

_____

(1) Dementir.—De mentir.
(2) Como Santa Ffe acompañó á Alfonso V en su expe-
dición á Las Dos Sicilias, el poeta se refiere á los sucesos
de que es contemporáneo y testigo. Capuana, fortaleza de
Nápoles; según otros, Capuano. Castel-Capuano fué el sitio
donde se encerró la Reina de Nápoles, Juana II, cuando des-
heredó al Rey de Aragón Alfonso V, á quien antes había
adoptado como sucesor al Trono.

Las çirimonias de Rey.
Non bos llamaban senyor
Ni mostrar por tal tobido (1),
Más fuestes (2) bien conbatido
E meyor conbatedor.

Essa buestra gente
Que con bos reçuçitaron,
Dizen, como bos hallaron
En las armas muy ardiente.
Mereçedes ser loado
Que bos hazedes tener,
Primero por bos baler
Sin Rey no ser 'maginado.

Pues que bibiendo bebimos
E bos otra bez nacistes,
Por el afan que sentistes
E dolor que padeçimos.
De pentas asta (3) el día
Que fué Dios nuestro pilar,

---

(1) Tobido, t' obido, te hubido, ant.—Te hubo.
(2) Fuestes.—Fuiste.
(3) Asta.—Hasta.

Doble fiesta celebrar
Debemos con alegría.

Ffin.

Pues que seguides la bía
De los peligros temptar,
Quien puede y sabe guardar
Guarde buestra senyoría (1).

Santa Ffe. *(Folio* 129 *vuelto.)*

LOHOR AL REY EN LA DESTRUCCIÓN DE LA CIUDAD
DE NÁPOLS.

Todos los conquistadores
Quien de passar et passados,

---

(1) Aunque no nos proponemos entrar en consideraciones históricas, al publicar el Cancionero inédito que nos
ocupa, especificaremos, sin embargo, el hecho al que se refiere esta poesía, que no es otro que la traición hecha por
Juana II de Nápoles al Rey Alfonso de Aragón, á quien aso-
cia al trono, durante las guerras de Luis III de Anjou y Es-
forcia, contra el aventurero Braccio de Montone y Alfonso,
Rey de Aragón y Sicilia. Pero vencido el de Anjou, Alfonso
se ve obligado á prender al favorito de la Reina, Giani Caracciolo, la que, en venganza, deshereda al Monarca arago-

Poetas et trobadores
Cállense sus actos loados.
Quen los hechos simulados
Rey, de buestra conquista,
Ellos solo de bista
Serían muy espantados.

La ciudat napolitana
De castillos enfortida (1),
Y el poder et hufana
De fforça con su partida.
Como fueron de bençida
En tan pequenyo momento,
Estos fueron ystrumento
De buestra birtut et bida.

Esta siempre de bos s'able
De ssi mostrando fereza,
La çiudat inespugnable
Discha et su gran alteza.

---

más en favor de Luis III, su adversario. Esta poesía es citada
por Amador, y, como con la anterior, publica su primer
verso.
    (1) Enfortida.—Fuerte.

Conbater tal fortaleza
Entre agua, fuego y biento
Buestro real mobimiento
Ffue de extrema ardideza.

Alexandre (1) birtuoso
Si ante bos se hallese,
Más cobarde c'animoso
Yo creo que s'estimase.
E cessar poco fiasse
D' ordenanças perçebidas,
Ecipio (2) sus berdes bridas
Bien tengo que refrenase.

Por ende, si bien amigos
Bos son los ombres ardidos,
De ser buestros testigos
Se muestran muy encogidos.
Que nos hallan atrebidos
En mirar quando osades,

(1) Alexandre.—Alejandro. Suponemos que alude á el
Magno; pero refiriéndose al poema de Juan Lorenzo de Segura.

(2) Ecipio.—Escipión.

Más tambien pues los onrrados
De gloria son ofreçidos.

Rey d'Aragón, si glorioso
Soys por bos y exçellente,
Tanbién bos muestra famoso
La birtud de buestra gente.
Que d'un coraçón ardiente
En lexamen (1) que tobieron,
Napols et Iscla sintieron
Qual es la naçión baliente.

Ffin.

Los ca (2) la muerte bibieron
Cada qual muy deligente,
Que sus trebayos bien siente
De muestra á tal serbieron (3).

(1) Lexamen.—El examen.

(2) Ca.—Que, conj. ant.

(3) El hecho á que alude el poeta, es la toma de Nápoles
por los aragoneses, al mando de Alfonso V, en 1443. Zurita,
en su obra *Anales de la Corona de Aragón*, hace notar una
circunstancia curiosa. Dice así: «Hubo en la entrada deſta
ciudad una marauilla, que fué para los hombres que fon cu-
rioſos, de gran eſtrañeza auer ſido entrada por Beliſario en

Santa Ffe. *(Folio 130.)*

Lohor al Rey en la delibraçión de su
hermano don Anrrich (1).

Alto Rey, pues conoçemos
Quanto buestros hechos balen,
Bozén fuerte et no callen
De golpe sus remos.
Y tamaría (2) pues sabemos
Quanto buestra birtut bela,

---

tiempo del emperador Juftiniano, y ganada de los godos
por otro tal ardid de la mina del mifmo formal.»

Era el formal cierta acequia grande á la que se entraba
por una honda mina, que arrancando de la fuente denominada de Bolla iba á morir á la otra parte del rio Lebetho.
Los encargados de la guarda de esta mina fueron compra-
dos por la gente de Alfonso, y por la mina se entraron aragoneses y sicilianos, á pesar de la exquisita vigilancia del de
Anjou.

(1) El hecho al que el poeta se refiere no es otro que las
desavenencias surgidas entre el Infante de Aragón D. Enrique y el Rey de Castilla, con motivo de la posesión del mar-
quesado de Villena. Preso el Infante en una torre del alcá-
zar de Madrid, sucedieron graves disturbios, hasta que nombrada una comisión de tres miembros por parte de cada
uno de los dos reinos, estipuláronse las condiciones por las
que D. Enrique fué puesto en libertad.

(2) Tamaría.—Santa María.

Que por bos alçe su bela
No cumple que le roguemos.

Los demas de los reales
Non curan d'alcaçár gloria,
Más de bebir sin memoria
Por llegar grandes caudales.
Bos por platas é costales
Buestro algo se derrama,
Por atribuir grant fama
E trihunfos mundanales.

Atulio nin Quintiliano
No cal (1) notar buestros hechos,
Que negoçios muy estrechos
Bos soys buen escribano.
Donde ponedes la mano
Non porbía (2) dat bocado,
El caso de buestro ermano
Lo a bien examinado.

Mucho Rey, bestial potente

_____

(1) No cal.—No que al.
(2) Porbía; creemos que será non por via.

A este mundo malo,
Que s'an trasformal (1) en palo
El sabio ardit baliente.
Bos, rudo ygnocente,
Hhazedes muy abisado,
E del quien guarda ganado
Hombre d'armas muy ardiente.

Senyor, los hechos primeros
Buen guerrero bos mostraban,
Más el (2)
La fin en estos çagueros (3).
E pues los duros braçeros
Luchastes desta begada
Nuestra nación estimada (4).

---

(1) Que s'an trasformal. El sentido de esta frase nos parece que debe ser que sin trasformar.
(2) No hay más que estas dos palabras. Falta el resto del verso.
(3) Çagueros. El que queda detrás, el último.
(4) Esta última estrofa resulta incompleta, pues sólo consta de siete versos, siendo las restantes de la poesía de ocho. Es indudable que está omitido el último verso de la estrofa.

Ffin.

Princep de los caballeros
Por quien birtut es onrrada,
Rey de la fama mirada,
Rey domador de los fieros.

SANTA FFE. *(Folio 131.)*

EL CONTRASS D'AMOR.

A qualquier parte que baya
E (1) todo biento contrario,
Senyora, tan adbersario
Que non sse do me retraya.

Niebla et mal continente
Tu rostro siempre sanyoso,
Me hazen andar pensoso (2)
Manyas de triste poniente.

---

(1) Parece ser el verbo de la oración. Acaso sea *es*, omiti-
da una *s*.
(2) Pensoso.—Pensativo.

Y en tanto me desinaya (1)
Este biento tan 'sbario,
Qua pesado adbersario
No se donde me retraya.

Ergullo, brio loçano,
E gesto muy trihunfante,
Condiçión es de levante,
Me desmaya sotamano (2).
A biento qua ssi (3) me ssaya (4)
El caer es neçessario,
Car sobrero (5) adversario
No se donde me retraya.

Pobres respuestas et frias
Que parten de trasmuntana,
Me son la muerte mundana
De tu parte todos dias.
Aqui conbiene que caya
A biento tan ordinario,

(1) Desinaya.—Marcar precisamente.
(2) Sotamano.—Palabra compuesta. Debajo de la mano.
(3) Qua asi.—Que así.
(4) Ssaya.—Acuchillar, verbo sajar.
(5) Sobrero.—Sobrado.

Que á mortal adversario
No se donde me retraya.

La calor de medio día
De tus donayres partido,
M'an la sangre conbertido
Por mucho caliente et frío.
Non parte de mi la raya
D'este biento tan corsario,
Car sobrero adbersario
No se donde me retraya.

SANTA FFE. *(Folio 131 vuelto.)*

COPLA ESPARÇA.

Con razón dejar debría
El uso de la migança (1),
¿Mas como quitar poría (2)
La prenta de su semblança?
No basta seso, ni arte
Tal desgrado abandone,

_____
(1) De la migança, de l' amigança.—Amistad.
(2) Poría.—Poder, verbo.

Más pensando donde parte
Es forçado que perdone.

Santa Ffe. *(Folio* 131 *vuelto.)*

Otra el mesmo. Canción.

Si no bienes con amor
A mi, de puro calente,
Por no perder tal sirviente
Hagate benir temor.

Por l'ergullo que te bí
Te desdenyas de ser mía,
E yo por qualquiere bía
Desseo benir á tí.
E pues no quies por balor
Usar ygualdat agora,
Al menos como senyora
Quierasme por serbidor.

No me conbatas de ssi
Ni muestres tan grant potençia,
Pues con pura obediençia

A tí, en tí me rendí.
No manifestes rigor
Al bençido et no suyo,
A, senyora, contra el tuyo
Piedat et no furor.

Mi passión hable por mi
E no razone mi lengua,
Que ya de tí es gran mengua
Lo hablado hasta quí.
Doy más plazer non dolor
Al que yaçe ya por tierra,
Conpassión, paç et no guerra,
Blandeza et no temor.

SANTA FFE. *(Folio* 132*)*

COPLA ESPARÇA.

Tanto, senyora, baledes,
Que las damas birtuosas,
Biben de bos rezelosas
Que la fama les robedes.
A toda mujer que bal

Si se plaz (1) haçer buen hecho,
Para non errar el trecho
Tome á bos por senyal.

TORNADÁ (2).

Si qual con ssi parcial
A de tal oyr despecho,

---

(1) Plaz, verbo.—Placer, agradar.

(2) Tornada. Aunque, apartándonos de nuestro objeto, vamos á dar, para mejor comprensión del Cancionero, una sucinta idea de las canciones, combinaciones métricas muy usadas por los trovadores. La *canción* comprende de cinco á seis coplas, y debe principalmente tratar de amor ó de alabanza, en términos dulces, gratos y con ideas agradables. Al principio se daba el nombre de canción á las composiciones en general, pero despues se reservó para las que elogiaban á Dios ó á una dama. Se hacia uso para aquéllas de los metros más artificiosos, que se acompañaban con un ritmo más lento y marcado que los demás *versos*. Acostumbraban á terminar por una semiestrofa designada con el nombre de *tornada* (vuelta ó despido), la cual era una especie de epilogo de la canción, ó bien una *endressa* (endereza, envio, dedicatoria) á la persona á quien iba dedicada. Podia haber dos *tornadas*, y las *Leyes de amor* dicen que en la primera podia poner el trovador su emblema *senhal;* sin tomarlo de otro trovador, y en la segunda el nombre de la persona á quien se dirigia.

La poesia provenzal tenia *bordos*, es decir, versos de cuatro, cinco, seis, siete, ocho, nueve, diez, once y doce sílabas. La *albada* era el canto de la mañana, en oposición á la *serena*, que era el de la tarde. El *descort* se ocupaba en elo-

Más aprueba buestro drecho
Su inbidia cryminal.

SANTA FFE. *(Folio 132.)*

COPLA ESPARÇA.

Por capitán la cabeça
Puramente inclinada,
Muy devota humiliada
Gran reverençia endreça.

Los ojos muy omildosos,
Non movidos, más suaves,
Quedos honestos é graves,
Cobardes y pavorosos.
Allí do van deseando (1)

---

giar ó vituperar, ó servia de elegía por el amor no corres-
pondido. *La tensión* era un debate en el que cada uno de-
fiende su tema. El *serventesio* venia á llenar el hueco que
hoy ocupan los periodistas. Había además *desires* ó *espar-
sas* y otras varias combinaciones.

(Extracto tomado de la *Historia política y literaria de los
Trovadores*, Balaguer.)

(1) Dice desenjo, pero creemos que es lo que hemos escrito.

Como bencidos é presos,
Piadosos et represos (1)
Andan merçe demandando.

Las orexas perçebidas,
Prontas, firmes, asaz quedas,
Sin rebato (2) atendidas.
Cada qual á su senyora
A hoyr tanto se inclina,
Que mostrando se indina (3)
Con humil gesto adora (4).

La lengua muy pavorosa
Se halla de razón solla (5),
E la más ardit tremolosa (6)
E la bien subtil non osa,

---

(1) Represos.—Reprimidos.
(2) Rebato.—Sorpresa.
(3) Indina.—Indigna.
(4) Esta estrofa aparece incompleta. En la primera cuarteta falta el cuarto verso, y puede notarse porque, no sólo la palabra *quedas* resulta sin consonante, si que no tienen sentido completo los tres primeros versos.
(5) Solla.—Rabiosa, loca.
(6) Tremolosa dice, pero puede estar la palabra mal copiada y ser *tremola, trémula*, consonantando de esta manera con *solla*.

Pensando en su Aymia (1)
El hablar por maravilla,
Ella callando se humilla
Conosciendo senyoría.

Las manos asaz pesadas,
Tollidas, contrictas juntas,
Bibas en son de defuntas
De bigor desnaturadas (2).
Comediendo en la celençia (3)
Donde llegar se desean,
Nin sen mueven ni s' enplean
En birtut de obediençia.

Ffin.

Los que muestran diligençia
De amar, desdoy (4) provean

---

(1) Véase palpable le que asienta Amador en contra de
Pidal, acerca de Maymia como supuesto poeta. Santa Ffe
dedica sus possías á Aymia, á la que antepone el posesivo *mi*
(ma) y unido resulta Maymia. Asi explica Amador la for-
mación de este nombre.
(2) Desnaturadas.—Desnaturar, desnaturalizar.
(3) Celençia.—Excelencia, calidad superior.
(4) Desdoy.—Desde hoy.

A sofrir, cuando se bean
En tan fuerte penitençia.

SANTA FFE. *(Folio 150 vuelto.)*

FEYTA (1) POR (2) LA SENYORA DONA TIMBOR.

Senyora dona Timbor,
Tiempo a que gran turmento
En si sostiene lohor
Sin aber acorrimiento,
Porque saben más de çiento
La notan a sin (3) justiçia,
Más de que a con bos notiçia
Tiene gran consolamento.

Porque lohor muy bien sabe
Si bos lohan de cordura,
No mienten, pues en bos cabe
Aún graçia y hermosura.
Pues menos dirá locura

---

(1) Feyta.—Hecha.
(2) Por.—Para, á.
(3) A sin. Creemos que debe ser *asi 'n* (en).

Quien bos lohe de franqueza,
Que todos desta nobleza
Bos dan abentaja pura.

Pues dar bos gran perfecçión
Con bondat muy acabada,
Non creó esta razón
Seha nunca reprobada.
Por la más aventajada
Bos do é la más polida,
No la Reyna Margarida (1)
Que fué siempre exceptada (2).

Baste bos, senyora, assaz
De tener tal nombradía,
Que buestra donosa faz
Pone á todos alegría.
Non loho philosomía (3)
Do sola bondat s' estienda,
Más en bos quien bien conprenda
Más de beldat sentiría.

---

(1) Margarida.—Margarita.
(2) Exceptada.—Exceptuada.
(3) Philosomía.—Fisonomía.

Ffinida.

Quien esta lohor reprenda
Por invidia lo haría,
E si es qui non entienda
Menos bale su porfía.

PER (1) DE SANTA FYE. *(Folio 150 vuelto.)*

HECHA Á LA SENYORA DONA TIMBOR PORQUE
NON TOME COMIAT (2) DELLA.

Porque partir presumí,
Senyora, sin deligençia,
Sea la min penitençia
Partir donde me partí.
E de si
Perdonat quando querredes,
Pues pena non me daredes

---

(1) Per., abrev. de Pedro.
(2) Comiat.—Despedida. Creemos que es un error de copia. *Connat* debió escribir el poeta, y la significación de esta palabra concuerda con el sentido de la frase. Connat.—Agravio. ·

Más fuerte que yo sentí.

Dizen quantos bos biyeron (1)
De los sentidos curiales,
Que'ntre sus ojos mentales
Nunca tal dança sintieron.
Dixeron
Tan complida bos hallaron,
Que si por otra botaron
Más de mil bezes murieron.

PER DE SANTA FFE. *(Folio* 150 *vuelto.)*

HECHA Á LA SENYORA DONA TIMBOR.

La que oy sin conpaniera
Benides de buenas famas,
Soys bos entre las damas
Dona Timbor de Cabrera (2)

---

(1) Biyeron.—Vieron
(2) No sabemos si pertenecería esta señora á la familia
de D. Bernardo Cabrera, gobernador de Palermo, el que to-
mada esta plaza fué encerrado en el castillo de la Mota,
cerca de Zavormina. Es fácil que perteneciera, y Santa Ffe,
acompañando siempre al Rey, tuviera ocasión de conocerla.

E si no que pereçrian
Muchas por buestra valor,
Diziendo buestra lohor
Bien se cuantos callarian.

Sy algunas me dirían
Quen dir (1) lo dix error,
Ius (2) velo de tu rencor
Mayor gloria bos darían.

SANTA FFE. OTRA. *(Folio 161 vuelto.)*

Parto de buestra figura
Do tomaba gran holgura.

Senyora de aito (3) estado,
Pues por Dios es ordenado,
Alguna bez del cuytado
Remenbrar bos por mesura.

---

(1) Dir.—Decir.
(2) Ius parece que pone en el manuscrito, pero es difícil interpretarlo por su estado borroso. Ius.—Juez.
(3) Aito.—Alto.

Senyora, por gentilleça
En bos tengo gran firmeza,
Dolet bos de mi tristeza
E de mi fuerte bentura.

Mientre que no me beredes
Pues mi voluntad sabedes,
Creyo nom olvidaredes,
Linda do merçé s'a pura.

Mientre que seré partido
De buestro gesto polido,
Non sea puesto 'n olvido
Que no lo manda mesura.

SANTA FFE. OTRA. *(Folio 162.)*

Si bien so' desconoçido
Senyora, no me despido.

Senyora, no me matedes,
Que gran crueldat haredes,
¿Qué más bengança queredes
De mí, pues quedo bençido?

Senyora, quando pensedes
El buen amor que tenedes,
Sé que bos, pene (1), diredes
De que m'ayades perdido.

Senyora, quando cansedes
De ser (2) mal al que sabedes,
Qualque senyal me daredes
Si so' por bos conoçido.

SANTA FFE. OTRA. *(Folio 163.)*

Por amar, cruel senyora,
Sufro dolor tan esquibo,
Que de sola una ora
Es espanto como bibo.

Amo bien por mi bentura,
Gentil dona (3) por amores,
Muy graçiosa criatura
De las que oy dan loores.

---

(1) Pene, verbo penar, padecer.
(2) Ser, parece tener la significación de hacer.
(3) Dona.—Señora.

Es me tan altivo
Su estillo (1) no mobible,
Que mucho por inposible
Es espanto como bibo.

Nunca me quieres hablar
Ni dar lugar que la vea,
Ménos puedo recaudar
Que por cortesía lea
Las mis cuytas, que le serbio (2),
Terribles por marabilla,
Pues beyes á tal mançilla
Es espanto como bibo.

SANTA FFE. OTRA. *(Folio* 163.)

Buen amor, pues me mostrades
De partir do non quería,
Yo partir no más poría (3)
Más apartar si sepades.

---

(1) Estillo.—Estilo.
(2) Serbio.—Servir. Forma rima bastarda.
(3) Poría.—Poder.

Mis ojos muy reposados
En la beldat que beyen,
Sabe Dios si se partirán
Partir ssan (1) como forçados.

Con tanta descortesía
Yo partir non partiría,
Más apartar si sepades (2).

Buestro donario (3) é sesso
Ffirmeça de mis sentidos,
Qui los manda seer partidos
En grant cuyta lo an meso (4),
Pero pues que bos mandades
Que me baya, todavía
Yo partir no men poría,
Más apartar si sepades.

Bien sé que seré partido

---

(1) Partir ssan; debe ser error de copia. La interpretación es difícil, pero pudieran las dos ss ser r é í y diría partir rían, partirían.
(2) En esta estrofa parece faltar un verso.
(3) Donario.—Donaire.
(4) Meso.—Medida.

De bos. por no mi grado,
Siento la muerte forçado
Muerto so enoso (1) creydo.
Más pues mi serbir tomades
En desagrado é porfía,
Yo partir no men partiría
Más apartar si sepades.

SANTA FFE. OTRA. *(Folio* 167 *vuelto.)*

¿Quien será buestro serbiente
Que non sienta mexoría?
Bien creyo que yes (2) grant follía
Serbir desconoçiente.

Tienpo es mucho perdido
Trebaur (3) sin bien aber,
Más es drecho mereçido
Que se baya á perder.
Quien delega ciertamente

---

(1) Eqoso.—Enojo.
(2) Yes. Creemos que sobra la letra y.
(3) Parece decir también Trebair. Está casi ininteligible. Debe proceder del catalán trabajar.

Serbir sin mexoría,
Bien creyo que es grant follía
Serbir desconoçiente (1).

Los que muestran diligençia
De amor, desde oy provean,
A sufrir quando se beyan
En tan cruel penitençia.

Santa Ffe. *(Folio* 175 *vuelto.)*

Pues que suerte, non cordura,
Haze al hombre prosperar,
Lo que más conbien (2) mirar
Atender buena ventura.

Si por discreçión pensades
Oy (3) ganar buestro proçesso
Pensat traedes por esso
Armas conque bos matades,

---

(1) Desconoçiente. Creemos que está empleado en su
acepción de gerundio.
(2) Conbien.—Conviene.
(3) Oy.—Hoy.

Si serbiçios allegados
Dirán que soes (1) antigo (2),
E pues bondat es locura
Atender buena bentura.

El crim' (3) no es condepnado
Salvo el mal proveydo,
Más será bien concluydo
E con astuçia cansado.
Aquel es magnificado (4)
Gloria in eççelsis Deo,
E pues biçio da holgura
Atender buena bentura.

E ques (5) prende que honores
Da sin títol (6) el grosero,
E el sotil é sançero (7)
A pobreças é dolores.

---

(1) Soes.—Sois.
(2) Antigo.—Antiguo.
(3) Crim'.—Crimen.
(4) Magnificado, verbo magnificar.—Loar, exaltar.
(5) Ques. Acaso sea error de copia por *pues*. También pudiera ser que sprenda, que desprenda.
(6) Títol.—Título.
(7) Sançero.—Sincero, franco.

Ffalta es de regidores
De execuçión é buen seso,
Pues no bal (1) saber ni cura
Atender buena ventura.

Ya son los grandes sinados (2)
Exemplos muy excellentes,
E son muertos los presentes
Diou dio yas de los pasados (3).
Por do todos los estados
An (4) desorden é tenpesta (5),
E pues pereçe mesura
Atender buena bentura.

Ya birtut, pero loada
Tiene candela en mano,
Más por bos buen Rey humano

(1) Bal, verbo valer.
(2) Sinados.—Signados, signar en su acepción de se-
ñalar.
(3) No comprendemos por completo este verso, en el
que parece faltar alguna palabra. Nosotros lo interpretamos: «Dios dió ya de los pasados....» es decir, dispuso de
ellos.
(4) An, verbo haber.
(5) Tenpesta.—Tempestad.

Alfonso, de esta begada (1)
Espera ser levantada
E retornar en su trono,
E quitar lo que's, murmura
Atender buena ventura.

SANTA FFE. OTRA (2). *(Folio 176 vuelto.)*

Si me quieres entender
¡O senyora! si me sientes,
Di por cual razón consientes
Al tuyo no socorrer.

Pues que muy bien te serbí
E te sierbo sin dubdar,
En querer me desamar
Sé que desamas á tí.

(1) Begada.—Vez.
(2) Hé aquí cómo juzga Amador de los Rios al poeta
más nombrado de la corte de Alfonso V. Fué Santa Ffe, según el dicho autor, sencillo en la frase, que es á menudo
sobradamente concisa; poco escogido en la dicción, no
siempre castiza y propia, llano y humilde en las ideas, que
no carecen, sin embargo, de alguna afectación. Especialmente en las amorosas, personifica Santa Ffe los trovadores erudito populares de la corte de Alfonso. Tiene este
poeta italianismos y catalanismos.

E pues solo merecí
¡O senyora! si me sientes,
Di por qual razón consientes
Al tuyo no socorrer.

TAÑEDOR (Martín.)

(Folio 72.)

Bentura, tan perseguido
Me tienes con merescer
Plegate dolor aber.

Bien me tengo por errado
Por errore que hiaiese,
Aunque mucho me binyese
De todo so' yo culpado.
Bentura, pues 'repentido
Soy de tanto mal hazer
Plegate dolor aber.

OTRA CANÇIÓN. *(Folio 72 vuelto.)*

¡Ay, senyora! por tu fe
No me tengas apartado
De tu graçia et merçé.

Pues beyes que mi querer
Es todo á tu mandar,
No me quieras olvidar
Que tuyo so' et seré.
Sino sienpre cridaré
No me tengas apartado
De tu graçia et merçé (1).

UN HERMANO DE MICER EL TAÑEDOR (2).

(Folio 80 vuelto.)

Mi senyora ya non cura
De mi, ¡ay cuytado triste!

_____

(1) Amador cita en su obra estas dos poesías. De la primera publica el primer verso. La segunda la trascribe íntegra y total.

(2) No es otro que Diego, poeta como Martin. Ambos hermanos son muy favorecidos del Duque de Medina Sido-

Mal amor, ¿por que quesiste
Darme tan mala bentura?

De tí me querellaré
Donde quier que estudiere (1),
Si de mi non te pluguiere (2)
De tí desesperaré..
Pero ¿que conortare
Mi coraçón, como bea
Andar en gran debaneo
A muchos con mi locura?

Pues en tí tengo fiança
Tu dame algun consuelo,
Que ya siempre como suelo
Serbiré con 'maginança.
Et lealmente, sin errança

---

nia y del maestre de Santiago. Esta protección valió á los
hermanos Tañedor la enemistad de otro poeta muy nombrado, el Ropero, que les dirigió una terrible sátira, dicién-
doles que el favoritismo de que disfrutaban lo debían á que
sus mujeres concedían íntimos favores á dichos magnates.
Los dos poetas citados son de los que más elogia Amador
al estudiar la literatura de aquella época.

(1) Estudiere, por estubiere.—Estar.
(2) Pluguiere, verbo placer.

Te sería si quisieses,
E tanto bien me hizieses
Que m'acorras (1) con cordura.

EL MESMO. (*Folio* 81.)

Quien sabe que padescer
Es dolor et amargura,
Duélase de mi tristura.

Quien perdió lo que perder
Non pensó su coraçón,
Benga si quisiere aber
Por mi gran consolación
Por ende quien guarecer
Quisiere aber holgura
Duélase de mi tristura

Bien creo mi tribulança
Jamás nunca aber reparo,
La mi loca imaginança
Padesciéndola declaro.

---

(1) M'acorras, acorrer.—Ayudar, auxiliar.

Por ende, quien fenescer
Quisier cuytas et rencura
Duélase de mi tristura.

EL MESMO. *(Folio* 81.*)*

Con dolor et gran tristura
Bebiré mal de mi grado,
Pues nunca pierdo cuydado
De quien de mí no acura (1).

Amor nunca fallesçí
A una senyora que me diste (2),
Mas tu á mí falleçiste
En ella según que bí.
Tu me mandaste holgura
La que non beo cuytado,
Pues nunca pierdo cuydado
De quien de mí no acura.

---

(1) Acura, acurar.—Cuidar.
(2) Este verso resulta largo, é indudablemente, y sabidas las libertades poéticas que entonces se usaban, debe estar deshecha alguna contracción que no hemos podido averiguar cuál sea. Acaso sobra la palabra una.

EL MESMO. *(Folio 81 vuelto.)*

Amor, pues que me prendiste
A mí que soy tu cativo,
Baleme pues por tí vibo.

Sepas, senyora, que pensando
Fuerza et seso he perdido,
Amor por mercet demando
Que non pierda lo servido.
¡Ay de mí cuytado! triste,
No me seas tan esquivo,
Baleme pues por tuyo vibo (1).

EL MESMO. *(Folio 81 vuelto.)*

¡Ay mi bien y mi amor,
De llorar nunca me harto!
Adios, que despues me parto
Yo tu leal serbidor.

_____

(1) Este verso resulta largo. Indudablemente el copista
deshizo la contracción *balme* por baleme.

¡Ay mi bien y mi amor!
Senyora muy excoxida,
Luz i goço de mi bida
Duélete de mi dolor.
Al senyor Dios Salvador
Ta comiendo (1), ques muy santo,
Adios, que despues me parto
Yo tu leal servidor.

EL MESMO. *(Folio 81 vuelto.)*

¡Ay amor, no meresçí
Lo que por tí padesçí!

Padesçí á sin raçón
Amando de coraçón,
Pero que ber na (2) saçón
De cobrar lo que perdí.

Perdí lo que entendía
Aber gozo et alegría,
Triste, ¡que mala porfía

---

(1) Comiendo.—Recomiendo.
(2) Na, art. fem. por la.

Es amor según que bí!

Bí morir bien atendiendo
Cuytas y males abiendo,
Senyora, bo manteniendo
Lo que siempre perseguí.

Perseguí con los amores
Con pesares et dolores,
Con bien bayan amadores
Car linda senyora serví (1).

EL MESMO. *(Folio 82.)*

Quanto bien beo senyora
En ber buestra discreçión,
Tengo gran consolaçión
En mirar bos (2) toda ora.

Tienpo ha que yo deseo
Ber tan alto senyorío,

_____

(1) Repetimos acerca de este verso lo que hemos dicho
de otros que resultaban largos.
(2) Mirar bos.—Miraros.

Discreta con amorío
Gozo he quando bos beo.

Sienpre pienso que mexora
Dios en bos muchas birtudes,
Pues en pensar he saludes
Sirbir bos quiero, senyora.

Pensat que nunca crey
Tanto bien como he bisto,
Et por tanto yo me bisto
De plazer, pues lo sentí.
Serbir en quien sienpre mora
Mexoría de bondades,
Hhermosura con berdades
Mi sentido bos adora (1).

(1) En su obra *Historia crítica de la literatura española*,
menciona Amador estas siete poesías de los hermanos Tañedor, citando como muestra y modelo el primer verso de
cada una.

TAPIA (Johán.)

(Folio 27.)

Descredado se bea
Quien me haz deseredar,
Triste de tan buen lugar,
Do mi coraçón s'emplea.

Cativo estaba eredado
De plazer, sin gran pesar,
Deseredaron me cuytado
Et hizieron me heredar.
Dolores en que se bea
El que me hizo apartar,
Triste de tan buen lugar
Do mi coraçón s'enplea.

He pensado de la emienda
Que pueden haber mis pesares,
Triste, non hallo lugares
Do mi cuerpo se defienda.
Quanto yo no se que sea

De mi, sino esperar,
De aber aquel lugar
Que mi coraçón s'enplea

JOHÁN DE TAPIA. *(Folio 27 vuelto.)*

DEZIR HECHO EN LA MALA PAGUA, PRESIÓN
DE GÉNOVA.

Ya yo bi gente bençida
A benzedores bençer,
Bi justiçia se perder
Por batalla mal regida.
Bi á persona entendida
Bentura le fallescer,
Bi alcançar gran poder
La por sinple conoçida.

E gentil caballería
De casa de gentileza,
E corte de gran franqueza
Donde tanto bien abía.
D'amor tu senyoría
Lo á todo derribado,

D'amor ¿com'as dejado
Ya perder quien te serbía?

Los de tu palaçio echaste
En cárcel de penitençia,
Los amantes an paciençia
De (1) tu les desanparaste
Los tristes que soyugaste
A gente de tí apartada,
Los cuales heriste espada
D'aquellos que tú criaste.

Non consientas tantos males,
Repara nuestro pesar,
No quieras más derramar
La sangre de los leales.
Amadores desiguales
Son muertos por tu serviçio,
Reçibe por sacrifiçio
La muerte d'aquellos tales.

¡Quantas sepulturas bí

---

(1) De, por que.

Pobladas por tu ocasion!
¡Quantas banderas, que son
Sobre sus cuerpos ally!
¡Quantas bezes defendy
Sus requestas (1) é porfías!
¡Quantas bezes me trayas (2)
A perdimiento de my!

Pues da gloria á los cuytados
E á los que biben salut,
Pues senyor muestra birtut
A los por tí mal tratados.
Pues los trabajos pasados
Quitanos (3) memoria de ellos,
Pues que sabes que por ellos
Assi somos derrocados.

¡Amor, quanto bien sería
Que nunca te conosciese,
Amor, nin nunca sopiese
Qual es tu carrera ó bía!

(1) Requesta.—Petición, súplica.
(2) Recuérdese que la y sonaba y valia como i latina.
(3) En el Códice aparece con dos nn, borrada una.

Amor, sabes que querría
Que te emendases luego,
Amor, haz lo que te ruego
Pues mucho bien te serbía.

Da logar si tu quisieres
A los que aman no bien,
Da logar pues que podrien (1)
Bien amar si consintieres.
Da logar mientra podieres
A los amantes amados,
Da logar que sean guardados
Bien querer mientra bibieres.

Si ay duenya ó donzella
Que ame é no ssea amada,
Si ay quien tenga penada
Su bida por tal querella.
Si hay quien ruegue por ella
A tí amor que la quitastes,
Si ay como m' apartases (2)

---

(1) Podrien, por podrian, poder.
(2) Así está escrito, pero debe ser error de copia por apartastes.

De cuyta que bibo en ella.

¡Tristes de los 'namorados
Que ber nunca se podieron!
¡Tristes si nunca se bieron
Sus deseos acabados!
¡Tristes de los alongados
De sus damas en tierra iena (1)!
Tristes los que sufren pena!
Por amar sin ser amados!...

Todos aquellos, amor,
Que 'n amar somos quejosos,
Todos somos deseosos
Que no nos des más dolor.
Todos haçen my buen senyor
Conplir su buena codiçia,
Todos guarda de maliçia
Non pienses en desonor (2).

¡Ay! pues son nuestras senyoras,

(1) Iena.—Ajena.
(2) Esta estrofa aparece colocada en el Cancionero al
márgen de la hoja.

Siervas no las haguas (1) ser;
¡Ay! no des el tal querer
A ninguno que 'namoras!
¡Ay de aquel que 'n malas oras
Te biene por conocer!
¡Ay que non debbe nasçer
Amor si no te mejoras!

Nunca bí tanto bebir
Como hazes desleal,
Nunca nos das sino mal
Por que tan de mal dezir.
Nunca te quieres morir
Por pleyto de más hazer,
Nunca me diste plazer
Porque deba bien dezir.

Ffin.

De casa d' este senyor
Pues ninguno non s' espante,
Ban por el mundo restante

_____

(1) Haguas.—Hagas.

Otros con este clamor.

Qada qual procurador

En provinçias repartidos,

Por saber de los nasçidos

Quant amant es el mejor (1).

OTRO DEZIR. *(Folio 29.)*

Sobre negro no ay tintura

Nin mayor danyo que muerte,

Muchos pasan pesar fuerte

Que despues an gran holgura.

Ninguno non desespere,

Que si gran tiempo bibiere

(1) Johán de Tapia florecíó en la corte de D. Alfonso V de Aragón. En esta poesía, hecha en una prisión de Génova, alude el poeta á la famosa batalla naval de Ponza, en la que derrotada la escuadra del Rey aragonés por la de Felipe Visconti, fué hecho prisionero el Monarca de Aragón, siguiendo la misma suerte un centenar de sicilianos y españoles, entre los que se contaba Tapia. Este poeta canta los principales acontecimientos de aquella lucha, y en el Cancionero de Stúñiga pueden verse varias poesías de Tapia dedicadas á magnates importantes de aquella época. Distinguíase Tapia por su amor patrio, como lo demuestran una composición suya en elogio de la Condesa Bucharinno, partidaria de los aragoneses, y otra satírica contra María Caracciolo, hija del Gobernador general del reino, gobernador adverso á los españoles.

Berá mudar su bentura.

Si bentura haç mudanza
El triste tornará ledo,
En punto quedo á quedo
· Berá su buena andança.
Tienpo ante todas las cosas,
Las buenas et las danyosas
Todas pasan su ordenança.

Tienpo bien' de pedir
Et tienpo biene de dar,
Tienpo biene de llorar
Tienpo biene de reyr.
Tras un tienpo otro biene
Mas el que buen seso tiene
Sabe los tienpos seguir.

P ro (1) de beces by plaçer
Despues de gran tristura,
Noche con gran tenebrura
Ya bí día esclareçer.

(1) P ro. En esta disposición están en el Códice estas
tres letras, entre las que falta alguna vocal.

Et despues de gran nublado
Hhacer día serenado
Ya bí pobre rico ser.

TAPIA (JOHÁN). *(Folio 63.)*

Más triste me siento agora
Que jamás nunca sentí,
Cativo porque partí
Donde 'staba mi senyora.

Mostróme que tenía sanya
De mí, aquesta donzella,
Porque yo serbiendo á ella
Me mandó en tierra estranya.
Donde 'spero aquella hora
Que quiera mandar por mí,
En mal punto me partí
Donde 'staba mi senyora.

Bien me plaze de hazer
Lo que su merçet mandare,
E si absente durare
Ffuerza es de me perder.

Sino boy adonde mora
Una s'a cuerda de mí,
En mal punto me partí
Donde 'staba mi senyora.

EL MESMO. *(Folio 63 vuelto.)*

Despues de la bida mía
Mi alma te amará
Aunque sé que penará.

Penará por bien amar
A tí, senyora, de mí,
Aunque nunca conoscí
Que me quisiesses tornar
Por serbidor, bida mía,
Mi alma te amará
Aunque sé que penará.

Penará triste, cuytado,
Pues dexe quien la crió
Et serbí cativo yo
A quien m'a desenparado.
¡Maldita bentura mía!

Mi alma te amará
Aunque sé que penará.

TAPIA (JOHÁN). RESPUESTA DE.
(Folio 64 vuelto.)

Dévodo á Dios, si llegado
A Jerusalen yo me viesse,
Caballero me hiziesse
Por delibrar al cuytado.

Resçebiré grant tristura
Hhasta cabar m' intençión (1),
Et mi buena debuçión
Quen el sepulcro me dura.
En el qual he denodado
Si los pies en el me viesse,
Que castidad me prometiesse
Por delibrar al cuytado.

_____

(1) Este verso debe leerse. Hasta acabar mi intención.

19

TAPIA (JOHÁN). *(Folio 142.)*

Yo non quiero mal dezir (1)
A las duenyas ni donzellas,
Mas, quiero me d' una de ellas.

Biendo triste et con cuydado
Sufriendo pena et dolor,
Maldito seas amor
Que por tí me las ha dado (2).
Bien amando he de morir
Por una de las más bellas
Pues me dió tantas querellas (3).

---

(1) No sabemos si estas dos palabras, que están separadas en el Códice, significarán, *decir mal ó maldecir*.

(2) Acaso lo que vulgarmente se llama *calabazas*, un *no* de amor.

(3) En el Cancionero de 1511 aparece un Tapia que no debe ser el que nos ocupa; pues como acertadamente dice el Marqués de la Fuensanta del Valle, en el prólogo del Cancionero de Stúñiga, el Tapia del inédito que publicamos asistió á la batalla de Ponza, y no es fácil que viviera todavía en 1491, fecha que tienen unas poesías dedicadas á un amigo que partía á Ampurdan, por un Tapia que sería el del Cancionero de 1511.

TORRES (Rodrigo).

Canción. *(Folio 7 vuelto.)*

Pues plazer se me partió
Por quien de morir abía,
Fin, fin,
Mi fin me consolaría.

A tan triste bibo yo
Mas amando cada día,
Que dezir ya non sabría
Como perdiendo me bo'.
De muy amador que so'
Por negra bentura mía,
Fin, fin,
Mi fin me consolaría.

Cuanto ha que me tomó
Amor en su senyoría,
Tanto a que non sabía
Porque plazer me dejó.

Si con el no me bolbió
Desseo por quien diría
Fin, fin,
Mi fin me consolaría.

TORRES (RODRIGO.) DEZIR. *(Folio 17.)*

E (1) tu berdadero amor
Muerte del triste de mí,
Al cual nunca conoçí
Hasta gora, que mejor
Me fuera conoçedor
De ti no ser, c'aber sido,
Haçme senyor bençedor
De quien me tiene bençido

Amor, bençido me beo
Et mi fuerça falleçida,
Por aquella que conplida
Hizo Dios, tanto que creo,
Que con su gentil asseo
Sin batalla é sin lit,

_____

(1) E, debe faltar una s, por es.

Bençiría al filisteo
Tanbien como al Rey David.

Torres (Rodrigo.) Consideraçión.
(Folio 5o vuelto.)

Tal condiçión lea
Quien morir e (1) á sin razón,
La qual hizo el que desea
De su serbir gualardon.

¿Do yré que bien amando
Non biba sin amargura?
¿Do yré?
Yré por la mi bentura,
Con sospiros deseando
Por donde quiere que baya,
D'este mal que me desmaya,
Con deligençia buscando
Quien me pueda delibrar,
E me haga recobrar
Tal haber, que'n lo cobrando,

---

(1) En el Códice hay una letra borrada que parece una *e*; acaso sea moriere.—Muriere.

Ciertamente, yo sería
Tan conplido d'alegría,
Que mi bien considerando,
Sin otro mantenimiento
Bebiera asaz contento.
¿Pero esto 'maginando
Que haçe que con cuydado
Bibo triste é cuytado,
Que haré?
Hharé un templo d'amores,
De mi cançión amadores,
Muchas bezes me membrando;
Hhaçiendo muy triste vida
Como aquel que non olvida
Sus cuytas, non olvidando,
A quien amas más quasi (1)
¿Qué será triste de mí?
¿Qué será?
Yo seré así penado (2)
Por esta triste manera,
Hhasta tanto que Dios quiera;

_____

(1) Quasi.—Que así.
(2) Penado; así está escrito, pero debe ser error de copia por pensando.

De los mis ojos llorando,
Pues me beo ser perdido
De negro seré bestido,
Las mis cuytas non cessando.
E si por mí preguntaren
A quantos tal me hablaron,
La berdat continuada
Si dixeren que's de nos,
Diré, non me bala Dios
Si en amores contemplando
Yo sé parte parte nin mandado,
De mí que soy tan penado
Que non sé por donde ando.

TORRES (RODRIGO). CANÇIÓN.
(Folio 103 vuelto.)

A muy gran culpa de tí
Lo que yo çedo desame,
Sé que non dirá por mí
Que 'l buey suelto bien se lame.

Senyora, tu hermosura
Tiene presa mi alegría,

Porque de su senyoría
Me mienbro tan sin mesura,
Que si gran mal padeçí
Portí que çedo desame,
Sé que non dirán por mí
El buey suelto bien se lame.

A tu piedat dat memoria,
Ssea (1) de mi tuyo cativo,
Porque contra mí esquibo
Dolor aya yo victoria.
Tal que pues yo leal serbí (2)
A tí que çedo desame,
Sé que non dirán por mí
El buey suelto bien se lame.

TORRES (RODRIGO). *(Folio 147.)*

Pensando ber acabado
El mi esquibo desseo,
Creo que con tal cuydado
Moriría según beo.

---

(1) Dice *ssae*, pero creemos que sea un error de copia.
(2) Este verso resulta largo y acaso sobra el pronombre.

En caso que s' acabase
Yo non creo que dexase (1)
La tristura en que bibo,
Que me tien tan cativo
Que si lo aber queria,
Yo lo obiese, pensaría
Que lo abía ya pensado

TORRES (RODRIGO). *(Folio 147.)*

Amor me hizo gran bien
En darme plazer que bí,
Que si algún bien ay en mí
De mi senyora me biene (2).
De ella me bien' tal plazer
Que me haz perder enojos,
Quando la miran mis ojos
No se hartan de la ber.
Pues en su poder me tiene
Despues que la conoscí,

---

(1) Despues de este verso continúa otro exactamente
igual y que parece repetición del anterior.
(2) Bien; el poeta debió emplearlo contracto *bien* por la
ley de la consonancia.

Que si algún bien ay en mí
De mi senyora me biene.

TORRES (RODRIGO). *(Folio 147 vuelto.)*

Quien de gana bos otea (1)
E bien mirar buestro aseo,
Mucho sufre gran deseo,
Senyora, quien bos desea.

Desque ví tan esmerado
Buestro gesto é discreçión,
Luego fué mi coraçón
En buestro poder robado.
Pues mi bien non sey quien bea
Buestra beldat que yo beo,
Que non sufra gran deseo,
Senyora, quien bos desea.

---

(1) Otea, otear.—Escudriñar, mirar con cuidado.

TORRES (Johán).

(Folio 10 vuelto.)

Sepas tú, senyora mía
A doquiera que seré,
Tu gaya (1) filufumía (2)
Ante mis ojos beré.

Pensando en tu hermosura
Siento infinido plazer,
Tanbien rezibo tristura
Por absente de tí ser.
Más toda mi alegría
Sé bien que recobraré,
Cuando tu filufumía
Ante mis ojos beré.

(1) Gaya.—Airosa, hermosa.
(2) Filufumía.—Fisonomía.

Torres (Johán.) Canción. *(Folio 18 vuelto.)*

Muy discreta creatura,
Buestra gentileza es tanta,
Que solo por hermosura
Bien mereçedes ser santa.
Qualquier que non bos adora
Nin bos haze reverençia,
Non creades bos, senyora,
Que bos mira con creençia.
Más con pura ignoçençia
No se cura de mirar,
Por ende non es de culpar
Quien los ojos no levanta.

Otra suya. *(Folio 18 vuelto.)*

A muchos pregunto esto:
Que les pareçe de bos,
Todos me dicen que Dios
No formó tan lindo gesto.

Por osarme, bida mía,

Con oyr de bos hablar,
Yo comienço de contar
La tal habla todabía.
A fin de dar alegría
A mi triste coraçón,
Que ama tan sin razón
Ques ya loco manifiesto.

OTRA EL MESMO. *(Folio 19.)*

Sé que m'a costado cara,
Amor, buestra conpanya,
Pues por bos me densenpara (1)
Quien consolar me solía.

Siempre jamás bos serbí
Sin nengun mal pensamiento,
Por lo qual triste de mí
Al presente m'a repiento (2).
Que si yo considerara
Quen servir bos deservía (3),

(1) Densenpara.—Desampara.
(2) M'a repiento.—Me arrepiento.
(3) Deservía, deservir.—Hacer mal servicio.

Pensar que non bos dejara
Quedar con buestra porfía.

EL MESMO. *(Folio 19.)*

La que tanto desee,
Por á dar fin á mi pena
Muy en breve lo beré.

Cuando yo triste naçí
De mi propio nacimiento,
Nació dolor para mí
E terrible penssamiento.
Pues que muerte codiçié,
Por a dar fin á mi pena
Muy en breve lo beré,

TORRES (JOHÁN.) OTRA. *(Folio 19 vuelto.)*

Si á mi grave cuydado,
Bida mía, non acorres,
Derribarás cinco torres
En un campo colorado.

Por bebir de tí absente
So benido en tal estado,
Que piensso serme forçado
Dejar la bida presente.
Pues es en tí çiertamente
Poder de me guareçer,
Non me dejes pereçer
Miembrete de lo passado.

EL MESMO. *(Folio 19 vuelto.)*

Aun que sufro enojos asaz
E trebajos infinitos,
Fstos mis ojos malditos
No quieren que biba en paz.

Adrede por me matar
Con ajeno endurimiento (1),
Miran porque grant turmento
Triste me hazen passar.
Si los biesse de mi faç (2)
Por qual quier manera quitos,

(1) Endurimiento.—Dureza, obstinación.
(2) Faç.—Faz, presencia.

Dejar mian los malditos
Si quiera bebir en paz.

OTRA EL MESMO. *(Folio 19 vuelto.)*

Amor falso, pues me haces
Sin plaçer no se porqué,
Sabe que te llamaré
Jamás estraga solazes.

Quitásteme la alegría
En que bibía pagado,
E dísteme al cuydado
Que m'a tierra todabía.
E despues d'esto conplazes
Algunos que te diré,
Por lo cual te llamaré
Jamás estraga solaçes.

Avísote desdaquí,
Que me tornes mi poder,
Cata que non quieras (1)

_____

(1) En este verso falta el verbo, que creemos es el sustan-
tivo en inf. *ser*. El verso seria así: Cata que non quieras ser.

Vituperado de mí.
E trata conmigo pazes
Dándoma (1) á quien pediré,
E nunca te llamaré
Jamás estraga solazes.

OTRA EL MESMO. *(Folio 20.)*

Si por mal en que me biesse
Jamás yo penssé olvidarte,
El diablo aya en mi parte.

Despues que partí de tí
Causa de mis penssamientos,
E sofrido asaz tormentos
Esto cree tú de mí.
Más por cuyta en que me biesse
Si jamás pensé olvidarte,
El diablo aya en mi parte.

---

(1) Dándoma.—Dándome.

20

TORRES (JOHÁN). OTRA. *(Folio 20.)*

En me sentir amador
De tí que non soy amado
Bibo tan desesperado,
Que non siento quien dolor
No aya de mi cuydado.

Más aún que padeçiese
Por tí mi bien, que lo bales,
Cuytas, trabajos et males,
Si tu merçet me creyese
Que yo soy tu servidor,
Por amores mal pecado,
Mi coraçón trabajado
Perdería ya temor
De jamás ser olvidado.

OTRA EL MESMO. *(Folio 20 vuelto.)*

En tanto dolor me beo
Cada día
Por amar,

Que por çierto desamar
Me cumplía.

Cuydado tan bravamente
Desordena mi sentido,
Que de mi hablar, comigo
Non haber quien se contente.
Esto me causa desseo
Con porfía
Et pesar,
En tí que me puedes dar
Alegría.

OTRA SUYA. *(Folio 21.)*

Pensamiento, soledat
Et desseo
Trabajan mi coraçón,
Atendiendo piedat
D'esa que beo,
Oy ser en disposiçión
De crueldat.

Amor que siempre porfía

Por acrecentar dolores,
El qual haze todabía
La contra de mis tenores.
Si usasse de berdat,
Yo bien creo
Recaudar consolaçión;
Beyendo la lealtad
Que posseo,
Me daría gualardón
De boluntat.

OTRA EL MESMO. *(Folio 21 vuelto.)*

Se parta en toda partida
Quien quisiere departir,
D' esa mi triste partida
Cora (1) me conbiene (2) partir.

Pártome donde se parte
Mi coraçón tan partido,
Que non sabe de ssi parte

---

(1) Cora.—Que ahora.
(2) Conbiene. Creemos que se escribiría contracto conbien.

En graçia ni buen partido.
Mi voluntad no es partida
A mí que quiero partir,
Pues la tengo ya partida
Con quien la puede partir.

TORRES (JOHÁN). *(Folio 21 vuelto.)*

CORDIU QUI ENPLET (1).

Si el pensar
De quien amo et edermár
Contra mí es falleçido,
Por perdido
A mí cumple declarar,
Que sin errar
Soy traydo.

Mi ayudar
Es servirla sin dubdar,
Con todo puro sentido
Sin (2) olvido

---

(1) La traducción literal de este epígrafe es: Corazón de
Dios que lleno.
(2) Sin.—Si en.

Yo quedo, puedo hablar,
Que sin errar
Soy traydo.

De loar
Su gesto muy singular
Jamás non seré partido,
Con gemido
Cantaré, osaré cantar
Que sin errar
Soy traydo.

OTRA SUYA. *(Folio 21 vuelto.)*

Esperando desespero
Pues espero
Para siempre ser perdido;
Cual es buestro apellido
M'a traydo
Este mal de que yo muero.

De esperança fuy bestido
E de lealtad cubierto,

Quando cuy (1) de ser despierto
Halleme muy adormido.
Mas pues amo berdadero,
Yo quiero
Padeçer lo padeçido,
Car por mí fue escogido
El partido
De que me hallo strangero.

Aun que me bedes quejar
Sabet que de mí me quejo,
Porque veo que non dejo
A quien me quiere dejar.
Pero no soy postrimero
Ni primero
D'aqueste dolor herido,
E ssi m'an aboreçido
Bien comido
Que no por ser lisongero.

---

(1) Cuy, pres. de cuidar.

PER QUE HIZO JOHÁN DE TORRES.
(Folio 25 vuelto.)

Por ber el tiempo acabarse
So' puesto en tal pensamiento.

Porque non beo nin siento
Quien aya duelo de mí.

A porque suyo me llamo
Et non me quiere acorrer.

A (1) porque me haz bebir
Siempre atribulado.

Et porque mi gran cuydado
Fué siempre d'ella serbir.

Et porque me haz morir
Tan despiadada muerte.

---

(1) Esta A, como la inicial del verso anterior, están empleadas en vez de la conj. *et, y.*

A porque se muestra fuerte
A su serbidor leal.

Et porque la hizo tal
El senyor Dios poderoso.

Et porque biba deseoso
Et triste toda mi bida.

Et porque es escogida
Esta sobre quantas son.

Porque ya mi coraçón
Nunca cessa de llorar.

Porque non puede hallar
A quien cuente mi dolor.

Porque no ay amador
Que ame como debía.

Porque beo cada día
Uno amar tres donzellas.

Porque ya tanbien ellas
Tienen tres serbidores.

Porque á los mis dolores
Non deben ser ygualados.

Porque los enamorados
Non tienen lealtat pura.

Porque por aventura
Uno ama una senyora.

¿Porque razón s'enamora
D' otra que despues beye?

¿Et porque en aquella non creye
Et no le tiene lealtança?

¿Et porque si mucho alcança
Et la dama poco tiene,

Porque razón no mantiene
Lo que debe mantener?

Et porque aborecer
Quiere ayna (1) lo pasado.

Porque debe ser loado
Que agora bien amare.

Porque si gran mal pasare
Por amor les de loar.

Porque será singular
Entre todos quantos aman.

TORRES (JOHÁN). CANÇIÓN. *(Folio 31.)*

Si bos plaçe que mantenga
La tristura que poseo,
Seguratme del deseo
Et lo otro baya et venga.

Yo deseo sienpre'star
De bos no mucho apartado,
Por partir de mi cuytado

(1) Ayna.—Fácilmente, sin trabajo.

Algún tanto en bos mirar.
Senyora, pues mi pensar
Bien alongado lo beo,
Segurarme del deseo
Et lo otro baya et venga (1).

TORRES (JOHÁN). LAY. *(Folio 32 vuelto.)*

¡Ay triste de mí
Porque padesçí
Sin lo meresçer!

Pues sienpre serbí
Leal hasta quí
A mi entender.

A quien su saber
Ya non puede ser
Me haze pensar.

Que sin su querer

---

(1) Esta poesía, que en el Códice se halla en el folio número 31 y 31 vuelto, se encuentra repetida con ligerísimas variantes en el 92.

Ya non puede ser
Sin mucho pesar.

TORRES (JOHÁN). DEZIR. *(Folio 40 vuelto.)*

Grande noxo (1) en yo bebir
Ya siento el alma mía,
Muerte de cada un dia
Ciertamente resçebir.
Que yo beo assi perdida
Mi persona por amar,
Do non me puedo (2) quexar.

Yo sufro lo que Dios sabe
Como del mundo no (3),
Más noramala nasció
Donde tanto dolor cabe.
Que continuo deseo
Infinito, non me dexa,

---

(1) Noxo.—Enojo.
(2) Entre estas palabras aparece en el Códice otra, pero
puntuada con los signos de la supresión; es el adv. así.
(3) Este verso tiene en el como un signo de abreviación;
pero no resulta claro lo que pudo abreviarse y nos hemos
abstenido de deshacer la abreviatura.

Despues amor que me quexa
De tal sazón que devaneo (1).

Yo suplico á quien leyere
Las simples coblas (2) presentes,
Que non quieran parar mientes
Al yerro que en elas (3) biere.
Que mi flaco sentimiento
No podria conçertar,
Lo me haz desordenar
Mi travieso pensamiento.

Ya non bieron los nasçidos
Ni berán los·por nacer,
Coraçón tan sin plazer
Ni home tan sin sentidos.
Como yo he mi coraçón
Somos oy por querer bien.
Si dezir pudiesse á quien
Aría consolaçión.

---

(1) En este verso sobra algo que le hace largo; acaso
el que.
(2) Coblas.—Coplas.
(3) Elas.—Ellas.

Solamente en yo callar (1)
Sufro dolor muy terrible,
Tanto que ser ienposible (2)
Mi bida mucho durar.
Car non tengo tal amigo
A quien osase dezir,
Cata que me haz morir
Esto que hablo contigo.

Kun cantiguidat ascute (3)
En hablar tal entremés,
Diz quel miedo, porque es
Cuando muerte non s'escusa.
Pues deseando sallir
De la gran pena 'n que bibo,
Por esta razón escribo
Lo que se querrá seguir.

---

(1) Esta palabra tiene repetida su última sílaba, acaso
por error de copia.

(2) Ienposible.—Imposible.

(3) Este verso parece lemosín, aunque también pudiera
ser latín bárbaro, pues está muy mal copiado. Nosotros le
reconstituimos, á título de hipótesis, de este modo: Cum
c'antiquitas ascusa. Como, que antigüedad acusa. También
pudiera ser el ascute alguna corrupción del verbo excutio.
—Arrojar, echar.

Sepa Dios é todo el mundo
Que yo so enamorado,
Non puedo dezir amado
Más en tal razón me fundo.
Que cierto, soy amador
De huna senyora tal,
A quien nunqua hizo egual
Creo que nuestro Senyor.

La que por muerte me dar
Me mandó serbir fortuna,
En el mundo es sola una
A quien non se halla par.
Pues quen muchas partes siga
Que por todo 'l mundo baya,
La que allare más gaya (1)
Conoçqua ser mi amiga.

Aquesto todo que digo
Hazer l'ontiendo berdat,
Pues amadores guardat
Que me dispongo et obligo.

_____

(1) Gaya.—Donosa, hermosa.

Que si alguno me dixere
Al de lo que digo fer (1)
Yo lo feç (2)
Aquien me contradixere.

Ffin.

Sepa quien saber quisiere
E diga'n toda parte,
Que soy amador sin arte
E seré mientre bibiere.

TORRES (JOHÁN). DEZIR. *(Folio 66.)*

Non podría hombre pensar
La grave tribulaçión,
Que siente mi coraçón
Senyora, en bos desear.
Por entiendo
Donde quiera que bos hable (3),

_____

(1) Fer, galicismo faire.—Hacer.
(2) Feç.—Hacer. Este pasaje está casi ininteligible, y la
poesía mal copiada y llena de enmiendas y tachaduras.
(3) Hable dice en el Códice, pero bien pudiera ser error
de copia por *halle*, hallar, encontrar.

Que vedado me han la calle
Por donde solía passar.

Como aquel que bien serbir
Bos cobdiçia todabía,
En biendo senyora mía
Siempre de bos bien serbir.
Aunque sopiesse morir
Cantaría en toda parte,
Si la muerte no me parte
Amor, non quiero partir.

Yo tengo buena opinyon
Nenguno non lo retraya,
Que por muy mal que me baya
Tengo en bos serbir razón.
Cantaré por conclusión
Este cantar toda ora:
Quien de linda se 'namora
Atender debe perdón.

El mi pensamiento es tal,
Senyora, que siempre creze,
E jamás non desfalleçe

Para se mudar en al (1).
Salvo en sí, siempre leal
Cantando con esperança,
Cuydados é maginança
A mí hazen grant mal.

Ya siempre bos loaré
Por donde quiera que fuere,
E quien de bos mal dixiere
Yo gelo (2) conbatiré.
En pero que cantaré
Como aquel que bos adora,
De bos bien serbir, senyora,
Jamás nunca cessaré.

En caso que olbidado
Bos plaga (3) de me tener,
Non poría yo creer
Que mi serbir es perdido.
E por ende comedido
Dezir este cantar:

(1) Al.—Otro.
(2) Gelo.—Se lo.
(3) Plaga, por pluga.—Placer.

De bos serbir et loar,
Senyora, non men despido.

TORRES (JOHÁN). REPUESTA.
(Folio 89 vuelto.)

La berdat está muy tasa (1)
E senyor la razón buena,
Pero tiene mal estrena
Qualquier que biejo se casa.
Más lebantaré mi tienda
Ante (2) que 'l fuego s' ençienda,
Bien s' entienda
Quiera Dios que tenga el asa.

TORRES (JOHÁN). COPLAS. *(Folio 90 vuelto.)*

Coraçón, debes saber
Que un gran mal t' es benydo;
Que mal es
Senyor, de mercet te pido.
Pues que más no puede ser

_____

(1) Tasa.—Tasada.
(2) Ante.—Antes.

Que no tomes desplazer,
Car debes considerar
Que de todo tu pessar
Mi parte tengo d' aber.

Coraçón, tuyo desseo
De ber, hasta qui trojiste,
Pues que dizes (1)...
Cierto soy que soy tan triste,
Que quien bien biere su asseo
Digote que yo bien creo
Que dirá que no es aquella,
La muy graçiosa donzella
De quien tanto bien dixiste.

TORRES (JOHÁN). *(Folio 90 vuelto.)*

Non me basta discreçión
Antender, por qual figura,
Pueda ya mi coraçón
Algun tanto aber holgura.

_____

(1) Falta el resto del verso.

Ya beo tan inpossible
Aber sin mi grant desseo,
Por lo qual es muy terrible
Mi locura según beo.
Tener imaginaçión
De serbir por aventura,
A quien dé tribulaçión
Que á mi benga, no cura.

OTRA SUYA. *(Folio 91.)*

Quien lo lee bien s'abisse
Et sepa tanto tu de mí (1),
Que jamás desque nasçí
Persona tanto no quise.

Pues tú que lees mi letra
Pienssa que debe sentir,
Quien de tu bista partir
El coraçón le penetra.
Aunque non se debisse (2)
Triste, bebiré por tí,

---

(1) Este verso resulta largo. Sobra el tú.
(2) Debisse.—Divisar, mirar.

Que jamás desque naçí
Persona tanto no quisse.

TORRES (JOHÁN). COPLA ESPARÇA. *(Folio 91.)*

Mis passiones sin dezillas
· Qualquier las debe creer,
Pues yo non tomo plazer
Por juegos nin maravillas.
Pero quien m'entristeçió
Me haze que diga yo,
Dolor de quien te filló (1)
Mi camissón con orillas.

CANÇIÓN SUYA. *(Folio 91 vuelto.)*

Si mis tristes ojos been
Ante sí lo que dessean,
Haç amor que non desseen
Lo que nunca jamás bean.

El que buen tiempo dessea

---

(1) Filló, fillar, filar.—Hilar.

Góçasse quando lo bee,
Pero lo que nunca bea
No quieras que lo dessee.
Que si mis ojos posseen
Lo que'n ber siempre possean (1),
Plégate que non desseen
Lo que nunca jamás bean.

COPLA SUYA ESPARÇA. *(Folio 91 vuelto.)*

Mis ojos llorando no been la lumbre
A tí desseando, mi dulce senyora,
Que tu gran desseo á mí es agora
Assi como muerte por mudar costumbre.
Que quien me dijiera que sin ber á tí
Pudiera yo'star que non me muriera,
Por jura (2) ninguna yo non lo creyera,
Nin creer lo quiero según hasta quí
Me sigue fortuna, cuytado de mí.

----

(1) En el Códice dice, sin duda por error de copia,
possan.
(2) Jura.—Juramento.

TORRES (JUAN). CANÇIÓN. *(Folio 92.)*

Padeçco non mereçiendo
Mal et pena muy cruel,
Más amarga que la hiel
Como catibo serviendo.

Si el serbir agradeçido,
Triste me fuere aigún tanto,
El enojo et gran quebranto
Que yo tengo et he tenido.
Luego sería partido,
Si obisse (1) gualardon
Mi cuytadó coraçón
De quien tanto bien atiendo.

OTRA SUYA. *(Folio 92.)*

Si nunca te a de menguar
Por servir tribulaçión,
Díme, loco coraçón,

_____

(1) Obisse.—Hubiese.

¿Que tema tienes d'amar?

Ya sabes que tu cuydado
Non se puede feneçer,
Nin tu pesar en plazer
Nunca puede ser tornado.
Pues non esperas gozar
Nin cobrar consolaçión,
Díme, loco coraçón,
¿Que tema tienes d'amar?

EL MESMO. *(Folio 92.)* (1)

Mi pesar
Es no bos ber,
Mi plazer
A bos mirar.
Una hora que no bea,
Senyora, buestra figura,
Mi coraçón bos dessea
E siempre jamás se cura,
De llorar

---

(1) Esta poesia tan ingeniosa y en un metro tan movido,
presagia ya las famosas de Jorge Manrique.

E padeçer,
A querer
Desesperar

OTRA. JOHÁN DE TORRES. *(Folio 92 vuelto.)*

Si gran trabajo passé
En te serbir, según biste,
Amor, yo nunca diré
Que mal lo satifeziste.

Sofrí pesar é tristura
En el tiempo ya passado
Por me ver desconssolado.
Enpero si trabajé
Muy buen gualardón me diste,
Por lo qual te serbiré
Pues tanto bien me heziste.

OTRA SUYA. *(Folio 93.)*

Esperar bien reçebir
De bos, senyora, es demás,
E por tal pueden desir

Espera quesperarás.

Con berdadera sperança
Muy grant tiempo he atendido,
Abiendo grant confiança
En quien me haç ser perdido.
Que debiera por serbir
Ir adelante (1) et boy atrás,
Más por tal pueden dezir
Espere quesperarás.

OTRA EL MESMO. *(Folio 93.)*

¿Que será de mi cuytado
Pues non miro buestra sseo (2),
Que por medio del desseo
Que me tien amenazado (3)
Muchas beçes non bos beo?

---

(1) Adelante dice el Códice, pero como el verso resulta largo, cremos que el poeta escribiría delante.

(2) Buestro aseo.

(3) En el Códice resulta el verso largo, pero dadas las contracciones y abreviaturas usadas entonces, es indudable que el poeta escribió el verso como nosotros lo hemos trascrito. El original dice: *Que me tienen amenazando.*

El cruel, falso envidioso,
Por envidia bos miraba,
Dijo que quien me mandaba
Mirar gesto tan hermoso.
Por tanto, mi bien, non oso
Mirar bos como solía,
Pensat que me mataría
Car assi ló tien jurado.

TORRES (JOHÁN). DEZIR. *(Folio 177.)*

Cuytado quando cüydo
E bien pienso en aquel día,
Que por desventura (1) mía
Yo bos obe conoçido.
Sin más á haber deseröido
Nin caer más en errores,
Buestros ojos robadores
Me robaron mi sentido.

Quando he considerado
El bien que de bos me biene,

---

(1) Desventura; en el Códice dice *desaventura*: es indudable que la primera *a* es supérflua.

Es pensar que me mantiene
Con ynfinito cuydado.
E deseo afincado (1)
De buestro gentil aseo,
El qual esté según beo
A mi coraçón robado.

Quando bien dirán por mí
Sin sentido é coraçón,
Aquesta antiga cançión
Quel comienço dize assí:
Pues que siempre padesçí
Que si toda la leedes,
Senyora, bos sentiredes
Parte de lo que sentí (2).

---

(1) Afincado.—Ahincado, con empeño.
(2) Segun los traductores de Tiknor, en un Cancionero existente en la Biblioteca Universitaria de Zaragoza existen varias poesías de un Juan de Torres, que suponemos será el mismo de que nos hemos ocupado, contemporáneo de Alfonso V de Aragón.

VALTIERRA.

(Folio 67.)

¿Duenya, pobre de merçé
Por qual raçón quieres matar
A mí que siervo sin cansar?
Pues no te hiç lo porqué,
Dáme razón que no l'ay fe.

Si dices que tu boluntat
No es dispuesta á satisfer (1),
A mi deseo é querer
Porque muestres amistad;

---

(1) Satisfer.—Satisfacer.

Senyora, júrote en mi ffe
Que sino me quies contentar,
Que me harás desesperar
Pues no te hiçe lo porque,
Dáme razón que no l'ay fe.

Creces me estrema dolor
Conque me quiero ya morir,
Cuando te oyo siempre dir
Que me amas de fino amor.
A triste no me quexare
Que mi bien me quieres bedar,
Piensa que me hazes penar
Pues no te hize lo porque,
Dáme razón que no l'ay fe.

Si demando sin raçón
Tu seas iuge (1) et parte,
Mienbreste que amor finarte (2)
Siempre quiere gualardón.
Si me lo das, loarte (3)

(1) Iuge.—Juez.
(2) Finarte, que concluye.
(3) Loarte, verbo loar.

Aquel que suelgo demandar
Hhaz que me pueda millorar (1)
Pues non te hize lo porque
Dame razón que no l' ay fe (2).

VALTIERRA. OTRA. *(Folio 67 vuelto.)*

Amor, mi triste partida
Me haç con dolor bebir,
Sente é beo que morir
Me conbiene pues es partida
La que tenya mi vida;
E pues ella á tí feneçe
Llamar pues perteneçe
Deus meus quare me derelniquista (3).

---

(1) Millorar.—Mejorar.

(2) Esta poesía y la que sigue son sumamente defectuo-
sas y abundan en versos largos; no hemos, sin embargo, re-
formado ninguna de ambas, porque el arreglo no resultaba
justificado y porque nos proponemos publicar el Cancionero sin alterar la esencia del original.

(3) La traducción literal de este verso es: Dios mio, ¿por
qué causa me abandonas?... La palabra *derelniquista* está
equivocada y trasponiendo dos letras, en las que radica la
equivocación, resulta bien claro derelinquista, verbo dere-
linquo, abandonar. El vocablo aparece corrompido.

Pues perdí por mi fortuna
La que bentura me dió,
Grito et llamo quien so yo
Que mi dolor no es una.
Por amar á sola una
Passo mal sin mereçer,
Por donde posso (1) dicer (2)
Infiyus sunt me linbo de profundis (3).

Ya del todo so... (4)
A perdiçión muy cruel,
Como el pueblo de Irael
Que de leyes apartado,
Pues serbir sin haber grado
Alla (5) por qui so (6) enpena
Dize 'l alma que es en poder
Su Infierno *nulla est redençio* (7).

---

(1) Posso, por puedo.
(2) Dicer.—Decir.
(3) Traducción literal de este verso. Han fijado á mi venda impenetrable.
(4) Falta el resto del verso.
(5) Careciendo el Cancionero de toda ortografía, el sentido de la oración no precisa si la palabra *alla* es verbo ó adverbio. Nos inclinamos á creer que será lo primero.
(6) Qui so, debe estar por *quien soy*.
(7) Su infierno, ninguna redención es.

Ffinida.

Mas bella que Polliyena
Me fa eser desterrado,
Ará del todo apartado
De su bista por ajena.

VALTIERRA. OTRA. *(Folio 162 vuelto.)*

Enojados de tristura
Benit que yo bos daré plazer,
Sserbos (1) é mirar e beer
Una linda creatura.

De muy nueba alegría
Alegra á los que la been,
En beyendo, luego creen
Que mereçe senyoría.
Mirando su hermosura
Créceles seso, saber
Conque puedan conoçer

_____

(1) Sserbos. Así está escrito y parece faltar una *i* para
siervos.

Todo el bien que en ella atura (1).

¡Qué graçia é balor
Muestra su gesto donoso!
El mirar muy agradosso
Lleno de mucho amor.
Muchos cabos si atura
Quiérenla obedecer,
¿Quién se poría tener
Que hallase tal bentura?

Reyna es de las mejores
E del mundo más amada,
Donosa, muy asesada (2),
Quita de banos amores
Dios d' amor, d' otra non cura.

Fin.

Bien lo muestra ssu poder,
Pues la baze floreçer
Sobre todas, sin mesura (3).

---

(1) Atura, aturar.—Detenerse, permanecer.
(2) Asesada. De mucho seso, juiciosa.
(3) Fué Valtierra poeta de los de la clase de erudito-

VILLALPANDO (JOHÁN DE).

REPUESTA. *(Folio 64.)*

Aunque no tengo tal grado,
Senyor, que bos respondiesse,
Si de bos liçençia obiesse
Ya lo abría delibrado.

Atender buena bentura
Ffue siempre buestra intençión,
Si hora senties (1) pasión
Muy e breve abreys holgura
De buestra dama, degrado
Que de bos hadoleçiesse,
Ya l' abría delibrado.

---

populares, escudero de profesión y navarro de nacimiento.
No logró dominar el castellano y sus poesías son defectuo-
sas. De más libertad goza manejando el dialecto catalán, y
en el Cancionero que estudiamos tiene varias escritas en
dicho dialecto, las que no damos á luz, porque sólo tenemos en cuenta, al hacer nuestro estudio, las manifestacio-
nes poéticas hechas en habla castellana.

(1) **Senties.**—Sentís, la *e* es letra supérflua.

Nos (1) aquexe pensamento
Mas esperança tiene (2),
Que yo gelo conbatiere
Por sacar bos de tormento.
Al amor que l'a hurtado
A quien mucho mal Dios diese,
Si de bos liçencia obiese
Ya l' abría delibrado.

VILLALPANDO (JOHÁN DE). *(Folio 78 vuelto.)*

Pues mi boluntat es dispuesta
A serbir sin maliçia,
Dios d' amor, haçme justiçia
De lo que poco te cuesta.

Yo amé una donçella
Muy gran tiempo, et la serbí,
Sin haber gualardón d' ella,
Cuytas, pesar reçebí.

---

(1) Nos.—No os.
(2) Tiene dice en el Códice y por eso lo trascribimos así,
pero debe ser error de copia por tuviere.

Haz amor caya (1) otra fiesta
Pues de serbir te codiçia,
Dios d' amor, haçme justiçia
De lo que poco te cuesta.

La fiesta que te demando
Es que me quieres d' amar,
Porque non pierda yo amando
Lo que no podré alcançar.
Mi boluntat es aquesta,
Usa comigo amiçiçia,
Dios d' amor, haçme justiçia
De lo que poco te cuesta.

VILLALPANDO (Mosen Françisco).

(Folio 80.)

En mi fe, senyora mía,
Ya la fin aunque binyese
De mi bida, non planyese
Pues que merçet sabía

---

(1) Caya.—Que haya.

El gran bien que te quería,
La passión tal aquexada
Que callando consentí,
En el tiempo que sentí
Que te fuera revelada.
Si mi alma condenada
D' esta bida se partiese.
Senyora, non la planyese
Pues que tu mercet sabía
El gran bien que te quería.

VILLALPANDO (MOSEN FRANÇISCO). CANÇIÓN.
(Folio 86.)

Si porque negro desseo
No me dexas qualque día,
Nunca bí tanta porfía.

Desque me tienes por tuyo
No me das nengún reposo,
Déxame pues que no huyo,
No seas tan enoxoso.
Terrible pena poseo

Con tu mala conpanía,
Nunca bí tanta porfía.

A si bien junto contigo
Es cuydado que ma quexa,
Di porque mal enemigo
Tu presona no me dexa.
En tal punto ya me beo
Que morir más me baldría,
Nunca bí tanta porfía.

VILLALPANDO (FRANÇISCO). CANÇIÓN.

(Folio 100.)

Si buena bentura 'spero
Ya en buestro poder es,
A mi darla si quereys
Que so buestro prisionero.

Libertat he posseido
Senyora, hasta bos ber,
Non me puedo retraer
D' ella luego aber perdido.

C'adesora (1) todo entero
Me robó quien bos sabés (2),
Rescatatme si quereys
Que so buestro prisionero.

Más non sea mi rescate
Desemparo et soledat,
Si bos place, lealtat
Que me quite ser mate.
La qual siempre guardar quiero,
Adelante lo bereys,
Libertat si quereys
Que so buestro presonero.

VILLALPANDO (MOSEN FRANÇISCO). *(Folio 145.)*

Réstele tu conpanía
A la postre fué á caer,
No me pude defender
Amor de tu gran porfía.

Réstele ser enganyado

---

(1) C'adesora.—Que á deshora.
(2) Sabés, por sabéis.

Bibiendo con tal sospecha,
Que quien más te sierve, pecha (1)
Doble pena é cuydado.
Hecho no de tu balía
Béngate, pues as (2) poder,
No me pude defender
Amor de tu gran porfía.

Mas tomar en mí bengança
Sé que poco ganarás,
Cata que mejor harás
De ponerme 'n esperança.
No usando billanía
Tú me puedes bien hazer,
No me pude defender,
Amor, de tu gran porfía.

Mosen Villalpando. *(Folio 145 vuelto.)*

Hasta una part amor
Déxame pasar si quieres,
¡Boto á Dios! que sin sabor

---

(1) Pecha, pechar.—Pagar el tributo.
(2) As.—Verb. haber.

Enojoso mortal eres.

¿No te basta gran pesar
Que m'as (1) hecho hasta quí,
Por me no dexar pasar
Que te pones ante mí?
De tu mal ya sabidor
Pasaré, si consintieres,
¡Boto á Dios! que sin sabor
Enojoso mortal eres.

Por contento te debrías
Ya tener de lo pasado,
Con enganyos é falsías
Malamente m'as burlado.
Pues aparte 'nganyador
Hazme lugar si quieres,
¡Boto á Dios! que sin sabor
Enojoso mortal eres.

_____

(1) Que m'as.—Que me has.

VILLALPANDO (FRANÇISCO). OTRA. *(Folio 168.)*

¡Ay amor, si tú quisieras
Ya dexar me retraer,
En haçer m' este (1) plaçer
Quanta merçet me hizieras!

Yo me (2) pensaba seer partido
De me cupo desforçar (3),
Por me dar doble roydo
Asme (4) hecho agora amar.
Tal senyora que debieras
Non me dar á conocer,
En haçer meste plaçer
¡Quanta merçet me hizieras!

Que sio (5) non conoçiera
Su beldat tan 'stranya,

---

(1) Haçer m' este.—Hacerme este.
(2) Este verso resulta largo y sobra el pronombre, que es superfluo.
(3) Desforçar. Dejar en libertad; pero también puede ser de sforçar, obligar.
(4) Asme.—Hazme.
(5) Sio.—Si yo.

Sepas que non padeçiera
Amor, vida tan penada.
Que si tú por bien tuvieras
Men tal cuyta non poner,
En hazer meste plazer,
¡Quanta mercet me hiçieras!

FIN

APÉNDICE

Dᴇ incompleto pecaría este nuestro trabajo, si antes de considerarlo concluido no dijéramos dos palabras acerca del Cancionero que en parte sale hoy al palenque público por vez primera, Cancionero que aún se conserva *inédito* en la preciosa y rica biblioteca de S. M. el Rey D. Alfonso XII.

Constituye el Cancionero un tomo manuscrito de 178 folios, de papel bastante grueso, moreno y algo deteriorado por la acción de los años. Las hojas aparecen ilustradas en sus margenes por dibujos sobrado obscenos que, si bien toscos, no carecen de mérito, y por toda clase de letras de adorno que sirven para encabezar los comienzos de estrofa en cada poesía. Conócese que el ma-

nuscrito es de una sola mano por la igualdad de
la letra, clara y hermosa, perteneciente á la escritura denominada redonda ó de juros, muy usual
en el siglo xv. No hemos podido inquirir quién
sea el colector de las poesías que constituyen el
Cancionero, y si bien en su última página, por
demás emborronada, se leen difícilmente varios
nombres propios, la circunstancia de no corres-
ponder los apellidos á ninguno de los poetas de
entonces, nos hace sospechar que de entre los
nombres citados, tal vez uno de ellos es el del copista del manuscrito. Un detalle confirma nuestra
aserción. El amanuense que escribió el Canciones-
ro empleó para hacerlo la mejor letra que pudo,
que no era en manera alguna la suya usual.
Pruébalo la poesía de Agraz, correspondiente al
folio 59 del volumen (publicada en nuestro libro
en la pág. 1), en la que olvidado el pendolista de
poner el nombre del autor á la cabecera de la
primera estrofa y remediando su falta, acaso al
repasar la copia, colocó á su frente dicho nombre
con letra distinta de la del resto del Cancionero
y exactamente igual á la empleada en los facsími-
les de la hoja final. Consignamos esto, al parecer,
importuno, para dejar afianzada nuestra aserción,
acerca de las firmas que ostenta en su última página el Cancionero, las que, á lo más, podrán ser
del copista, pero nunca del compilador del Códice, pues en este caso darían nombre al Cancionero, por virtud de la costumbre reinante en aquellos tiempos, de que fueran vates los colectores de

dichas obras, las cuales se titulaban á las veces según se llamaba el poeta á quien debían su origen.
Por esta falta de título nos inclinamos también á
creer, que el Códice que nos ha servido de base
para nuestra obra tal vez sea una copia y no el
mismo Cancionero original.

Pertenecen las poesías del tal Cancionero á los
promedios y fines de la centuria décimaquinta,
fecha, esta última, que puede asignarse al Códice.
En él figuran poetas muy conocidos y composiciones sobrado famosas; pero nosotros nos hemos
fijado en los ingenios completamente obscuros y
en los que, sin tener mucha nombradía, no han
sido con imparcial criterio apreciados. Nuestra
atención, pues, ha recaído de un modo especial
sobre los vates erudito-populares, de los cuales
damos á la luz pública bastantes poesías inéditas,
así sus autores no sean nuevos para los eruditos; y
nombres de poetas que absolutamente y por casi
todos se desconocían.

Para lograr nuestro objeto se nos ofrecían á
mano las dos escuelas paleográficas más en boga:
la alemana, que no quiere que bajo ningún con-
cepto se altere al trascribirle el contesto y estruc-
tura de un monumento literario, y la francesa,
partidaria de que el escrito antiguo se depure, se
corrija, se limpie por decirlo así y se ofrezca claro
y comprensible para todos. Como los extremos
son viciosos, á trueque de pasar por eclécticos,
hemos tomado un término medio entre ambas
escuelas, y en consecuencia ni damos el Cancio-

nero sin aditamento ninguno, ni le alteramos
hasta el punto de variarle. Careciendo el Cancionero de ortografía y de prosodia, no usadas entonces, las hemos suplido en parte para su mejor
inteligencia. Igualmente hemos hecho con ciertas
letras de interpretacion dudosa, y deseando redu-
cir en lo posible el número siempre difuso de las
anotaciones, sabido que por las reglas gramatica-
les de la época era consentido el uso de una letra
en vez de otra, dimos, siempre que lo exigía el
sentido de la frase, á la ſ su valor definitivo de
s ó h, y á la u el suyo de b. Esto y la puntuación,
son las únicas libertades que al trascribir el Cancionero nos hemos permitido.

Varios eruditos tan notables como Amador de
los Ríos, Pidal, Gayangos y el Marqués de la
Fuensanta del Valle, han examinado el Cancionero que nos ocupa, dando de él ligeras noticias y
publicando incluidas en otros trabajos algunas de
sus poesías. Al coleccionar nosotros en un volumen la parte completamente inédita y desconocida del Códice, cábenos satisfacción inmensa, pues
gracias á la imprenta podrán perpetuarse importantes y preciosos documentos, que acaso de otra
manera hubieran desaparecido, ó por la acción
del tiempo ó víctimas de un siniestro tan difícil
de prever como de evitar. Por estos y otros mo-
tivos, no podemos menos de consignar el sincero
agradecimiento que sentimos hacia el docto é
ilustrado jefe de la biblioteca de S. M. el Rey, el
erudito escritor Sr. Zarco del Valle, al que debe-

mos el permiso para la publicación del Cancionero encargado á su celo.

No pondremos el punto final en este Apéndice,
sin.hacer una salvedad, que si al parecer huelga,
por lo que respecta á nuestra sinceridad de propó-
sitos la consideramos necesaria. Todas las poesías
publicadas en este tomo son inéditas, ó por tales
las tenemos, despues de haber consultado cuantas
obras pudieran haberlas contenido. Pero como
no gustamos de adornarnos con méritos ficticios,
y aparte de las dificultades materiales de averiguar hasta la evidencia tal cosa, si alguna erudición nos adorna peca por lo débil y flaca, tal vez
la crítica ilustrada encuentre que no todas las poesías de este libro son enteramente desconocidas;
de aquellas cuya publicación anterior sabemos, lo
advertimos en las anotaciones correspondientes.
De todas suertes, creemos de buena fe prestar un
servicio á la literatura patria, dando á conocer, en
parte, un Cancionero que hasta ahora permane-
cía inédito como tal.

Ya expusimos antes el criterio que nos sirvió de
norma: dar á la estampa la parte desconocida del
Cancionero, tomando por base general los poetas
de la clase del pueblo, los vates erudito-populares,
por lo cual excluimos de este tomo los magnates
y personajes de alta alcurnia, muchas de cuyas
poesías no son ya inéditas. Atendiendo á tales razones, alteramos el original con las variantes dichas, á fin de que resultase una obra no sólo del
dominio de los eruditos, sino patrimonio de todos.

Para concluir, y á fin de facilitar la investigación del Cancionero, daremos precisa y fielmente
su signatura: la antigua indicada en la mayor parte de las obras, en alguna equivocada, que hacen
referencia al Códice susodicho es 7. a. 3; 2. F. 5.
Número 342. La moderna dice así T°. S. 1°. pta.
Sala 2.ª; Est. let c; Plu 9.°

ÍNDICE

POR EL PRIMER VERSO DE CADA UNA, DE LAS POESÍAS

CONTENIDAS EN ESTE TOMO

CPSIA information can be obtained at www.ICGtesting.com
Printed in the USA
BVOW01s0953160315

391867BV00012B/67/P

9 781168 112071